AF636653

Zora Klipp & Theresa Knipschild

schmeckt. immer.

Kochen und Backen mit **Zora** und **Theresa**

INHALT

»OB **HERZHAFT** ODER **SÜSS, FRISCH** ZUBEREITET **SCHMECKT'S** BEI UNS **IMMER.**«

In diesem Buch zur Sendung gibt es über 90 herzhafte, süße, klassische oder ausgefallene Rezepte, die Lust auf gute Zutaten, guten Geschmack und Kreativität beim Kochen oder Backen machen sollen. In mehr als 20 Folgen unserer Sendung „Schmeckt. Immer." haben wir unsere Lieblingsrezepte gesammelt und verfeinert. Kochen und Backen mit frischen, guten und saisonalen Zutaten muss nicht viel Zeit und Geld kosten. Mit den passenden Tricks, Handgriffen und Zubereitungstechniken können auch Küchenunerfahrene Tolles und vor allem Leckeres herstellen. Bei vielen unserer Rezepte gibt es außerdem Tipps zum Variieren, das sorgt für noch mehr Kreativität, und viele Zutaten können je nach Saison und Geschmack einfach ersetzt werden.

Vegane und vegetarische Rezepte sind übrigens mit markiert. verrät die Arbeitszeit, die Garzeit und Ruhe-, Geh- oder Kühlzeiten. Besonders schnelle Rezepte sind im Kapitel „Schnell & einfach" zu finden. Lust auf Lieblingsessen und selbst gemachtes Fast-Food? Im Kapitel „Lieblingsessen" gibt es nicht nur selbst gemachte Pommes, sondern auch einfach hergestelltes Eis oder Döner. Dass wir am liebsten auf der ganzen Welt essen, wird im Kapitel „Aus aller Welt" schnell klar. Eine kulinarische Reise, von Frankreich und Italien über Amerika, Asien und Schweden. Und im Kapitel „Zum Beeindrucken" gibt es Gerichte, die Freunde und Familie ab jetzt regelmäßig faszinieren.Wir lieben es flexibel und entspannt und möchten diese Freude und geschmackliche Vielfalt mit euch teilen.

Viel Spaß beim Nachkochen und Backen, Ausprobieren und Neu-Erfinden!

Zora & Theresa

Zora & Theresa

Das Team von „Schmeckt. Immer."

ÜBER „SCHMECKT. IMMER."

Über uns Wer könnte sich besser für eine Koproduktion von NDR und WDR eignen als wir beide. Die eine aus dem Norden, die andere aus dem Westen, die eine kocht, die andere backt. Auch wenn wir auf den ersten Blick nicht unterschiedlicher sein könnten, uns verbinden viele Gemeinsamkeiten. Wir sind gleich alt (nur 13 Tage Unterschied), lachen oder ärgern uns über dieselben Dinge und ergänzen uns durch unsere unterschiedlichen Fähigkeiten. Wenn die eine eine Entscheidung trifft, kommt es selten vor, dass die andere anderer Meinung ist. Wir inspirieren uns gegenseitig, sei es beruflich oder privat.

Über „Schmeckt. Immer." Ob Aromen-Küche, One-Pot-Rezepte, Klassiker aus der Kindheit oder Foodtrends – in jeder Folge werden zu einem bestimmten Motto vier bis sechs süße oder herzhafte Gerichte vorgestellt, deren Herstellung wir genau beschreiben. Das Allerwichtigste ist für uns dabei immer, dass jedes der Rezepte ohne außergewöhnliche Werkzeuge oder Zutaten nachzumachen ist. Dazu gibt es noch einfache, praktische Tipps, Gerichte mit saisonalen, preiswerten Zutaten und Techniken, die das Leben in der Küche leichter und spannender machen. Wir wollen aber nicht nur Rezepte bieten, sondern auch Einblicke in die Herkunft der Zutaten und unsere persönlichen Geschichten und Anekdoten zu den Gerichten teilen. Mit frischer Perspektive geben wir auch alten Klassikern die nötige Aufmerksamkeit und vereinfachen Foodtrends, sodass sie auch zu Hause gut nachzumachen sind.

Ein Blick hinter die Kulissen

Das Team Ob Kameraleute, Requisite, Ton, Maske, Grafik, Schnitt, Fotografin oder Regie: Jede einzelne Position sorgt dafür, dass diese bunte, leckere Sendung entsteht. Kein Drehtag ist wie der andere, aber die Stimmung ist immer fröhlich, witzig, trotzdem konzentriert und professionell. Alle im Team sind kulinarisch sehr interessiert (spätestens nach einem Drehtag, wenn die fertigen Gerichte probiert werden dürfen) und bringen persönliche Vorschläge, Tipps oder Alltagsgeschichten zu den Rezepten mit ein.

Danke Was für ein Glück, bei jedem Drehblock mit so einem tollen Team arbeiten zu dürfen. Ein Team, das gute Laune verbreitet, Interesse an und Lust auf schönes Essen hat und das in schwierigen Situationen mit Pflastern, Brandsalbe, beruhigenden Worten oder Witzen zur Seite steht. Und was für ein Glück, dass ihr, ihr Zuschauenden, nun schon drei Staffeln mit uns kocht und backt. Wir freuen uns auf viele weitere tolle Rezepte!

Ein besonderer Dank gilt Klaus Brock, der dieses Projekt mit ins Leben gerufen hat. Danke, lieber Klaus, jetzt im Ruhestand hast du ja genug Zeit, alle Rezepte auszuprobieren!

»Florian hält die Fäden zusammen, behält den Überblick und gibt allem den Feinschliff. Er wählt die passende Musik aus und setzt Schnitte genau so, dass alles einen Sinn ergibt. Danke Florian, dass du die Sendung zu genau dem machst, was sie ist und ausmacht.«

ZORA & THERESA

SCHNELL & EINFACH

Ob Fladenbrotpizza, Nudelsuppe to go, frisches Brot aus dem Topf oder Zimtschnecken ohne Hefe: Die Rezepte in diesem Kapitel haben das Potenzial für echte Alltagslieblinge, denn sie sind besonders einfach und schnell zubereitet, lassen sich gut vorbereiten und super mitnehmen.

KRÄUTERPFANNKUCHEN mit Pfannengemüse und Blitz-Hollandaise

Für 4 Personen

Pfannengemüse
Salz · 1 Brokkoli oder Blumenkohl
100 g Zuckerschoten (ersatzweise 100 g breite Bohnen)
3 Möhren
Pflanzenöl · Zucker
1½ EL kalte Butter
Pfeffer aus der Mühle

Pfannkuchenteig
1 Bund Schnittlauch
3 Eier (Größe M) · ¼ l Milch
200 g Weizenmehl (Type 405)
Salz · Zucker
Pflanzenöl oder Butterschmalz zum Ausbacken

Blitz-Hollandaise
250 g Butter
3 Eigelb (Größe M)
1 TL mittelscharfer Senf
1 EL Crème fraîche
1 Spritzer Zitronensaft (ersatzweise Weißweinessig)
Salz · Zucker

Zum Servieren
Sprossen oder Kräuter

30 Min.
★★★ einfach
vegetarisch

Für das Pfannengemüse einen großen Topf mit Salzwasser aufsetzen. Das Gemüse putzen, waschen bzw. schälen und in walnussgroße Stücke schneiden. Im kochenden Salzwasser etwa 4 Minuten garen, danach in ein Sieb abgießen und gut abtropfen lassen. Etwas Öl in einer Pfanne erhitzen und das Gemüse darin 2 bis 3 Minuten anbraten, leicht salzen und zuckern. Kalte Butter in Flocken hinzufügen und mit dem Gemüse mischen. Dann alles noch so lange schmoren, bis die Flüssigkeit fast vollständig verdampft ist und das Gemüse einen schönen Glanz hat. Zuletzt nochmals mit Salz und Pfeffer abschmecken.

Für den Pfannkuchenteig den Schnittlauch waschen, trocken tupfen und in feine Röllchen schneiden. Eier, Milch und Mehl glatt verrühren und mit je 1 Prise Salz und Zucker sowie dem Schnittlauch würzen. Etwas Öl in einer Pfanne erhitzen und 1 Kelle Teig darin bis zum Rand dünn verteilen. Die Unterseite etwas stocken und bräunen lassen. Dann den Pfannkuchen wenden, die andere Seite ebenfalls bräunen. Bei 60 °C Ober-/Unterhitze im Backofen warm halten, bis alle Pfannkuchen gebacken sind.

Für die Blitz-Hollandaise die Butter in einem Topf schmelzen. Die Eigelbe mit Senf, Crème fraîche, Zitronensaft oder Essig, Salz und Zucker in einem hohen Rührbecher mit dem Stabmixer mixen. Dann langsam und portionsweise unter beständigem Mixen so viel Butter hinzufügen, bis eine cremige Konsistenz entstanden ist.

Zum Servieren die Pfannkuchen auf Teller geben, mit Gemüse belegen und zusammenklappen. Die Hollandaise großzügig darüberträufeln und alles nach Belieben mit Sprossen oder Kräutern garnieren.

Schmeckt. Mit vielen Kräutern.
Wer mag, kann anstelle des Schnittlauchs auch andere zarte Kräuter verwenden, beispielsweise Petersilie, Kerbel oder Bärlauch in der Saison. Das frische Gemüse für das Gericht am besten nach Geschmack und Jahreszeit zusammenstellen. Die gewählten Sorten sollten aber eine ähnliche Garzeit haben.

Ein herrliches Frühlingsrezept – schnell und einfach gemacht und supervariabel: Klassische Pfannkuchen werden mit Schnittlauch herzhaft würzig und kommen mit buntem Gemüse gefüllt und einer schnellen Hollandaise überzogen auf den Teller.

GEBACKENER **CAMEMBERT** mit **Salat**

Käse und Obst sind eine bewährte Kombination. Hier ergänzen Orangen und Pflaumen den Salat, der Camembert wird in Panko würzig umhüllt und ausgebacken. Panko ist ein etwas gröberes Paniermehl aus der traditionellen Küche Japans, es sorgt für eine superknusprige Panade.

Für 4 Personen

Salat

3 Bio-Orangen
einige Feigen oder Pflaumen
400 g Blattsalat (Sorten nach Saison und Geschmack)
1 EL mittelscharfer Senf
4 EL Aceto balsamico bianco
1 TL flüssiger Honig
Salz · Pfeffer aus der Mühle
4 EL Olivenöl
4 EL Walnussöl
50 g Walnusskerne

Camembert

2 Eier
1 TL getr. Rosmarin
Salz · Pfeffer aus der Mühle
50–100 g Weizenmehl (Type 405)
1 Tasse Panko (asiat. Paniermehl; ersatzweise Paniermehl)
4 mittelgroße Camemberts
200 ml Sonnenblumenöl

Für den Salat 1 Orange waschen, abtrocknen und die Schale fein abreiben. Dann alle Orangen schälen und in Scheiben schneiden. Die Feigen oder Pflaumen waschen und je nach Größe halbieren oder vierteln. Den Salat putzen, waschen, trocken schleudern und in eine Schüssel geben.

Für die Vinaigrette den Senf mit Essig, Orangenschale, Honig sowie Salz und Pfeffer gründlich verrühren. Beide Ölsorten langsam hinzufügen und unterrühren, sodass eine geschmeidige Vinaigrette entsteht.

Für den Camembert die Eier mit dem Rosamarin in einem tiefen Teller verquirlen, mit etwas Salz und Pfeffer würzen. Mehl und Panko separat ebenfalls in tiefe Teller füllen. Die Camemberts zuerst in Mehl wenden und überschüssiges Mehl abklopfen. Dann durch die verquirlten Eier ziehen. Zuletzt von allen Seiten (auch die Ränder) im Panko oder Paniermehl wenden.

Das Öl in einer Pfanne erhitzen und den panierten Käse darin bei mittlerer Hitze auf jeder Seite 2 bis 3 Minuten goldbraun ausbacken. Dabei lieber etwas mehr Öl in die Pfanne geben, damit die Camemberts nicht am Boden festklebt.

Zum Servieren den Salat mit der Vinaigrette mischen, auf Teller verteilen und mit Walnusskernen, Orangenfilets und Feigen oder Pflaumen garnieren. Jeweils 1 panierten Camembert dazulegen.

35 Min.
★★★ einfach
vegetarisch

Schmeckt. Auch mit extra Crunch.
Man kann die Panade auch noch mit Körnern und Kernen wie gehackten Sonnenblumenkernen und Sesamsamen ergänzen.

BLÄTTERTEIGPIZZA mit **Gemüse** und **Pilzen**

Pizza mal anders! Mit einem Blätterteig und andersherum gebacken hat man hier immer ein kleines Überraschungsmoment. Und noch ein Vorteil: Langes Teigkneten und Gehzeiten für einen Hefeteig entfallen, denn der Blätterteig liegt bereits fix und fertig im Kühlregal.

Für 4 Personen

1 Zucchini
1 rote Paprikaschote
1 Aubergine
200 g Pilze (z.B. Champignons oder Kräuterseitlinge)
1 Knoblauchzehe
Olivenöl
Salz · Pfeffer aus der Mühle
2 Zweige Oregano
1 Packung Blätterteig (aus dem Kühlregal)
20 g Tomatenmark
1 Ei
2 Kugeln Büffel-Mozzarella

Zum Servieren

3 EL geriebener Parmesan
einige Basilikumblätter

Auflaufform (in der Größe der Blätterteigplatte) · Backpapier

Den Backofen auf 200 °C Ober-/Unterhitze vorheizen. Das Gemüse putzen, waschen und in Scheiben bzw. Stücke schneiden. Die Pilze putzen, falls nötig, trocken abreiben, dann vierteln oder in Scheiben schneiden. Den Knoblauch schälen und fein würfeln.

Das Gemüse sowie den Knoblauch in einer Pfanne in etwas Öl goldbraun anbraten. Die Auflaufform mit Backpapier auslegen, das Gemüse darin verteilen und mit Salz und Pfeffer würzen. Den Oregano waschen, trocken tupfen, die Blätter abzupfen und auf dem Gemüse verteilen.

Den Blätterteig ausrollen (Papier entfernen!) und mit dem Tomatenmark bestreichen. Den Teig mit der Tomatenseite nach unten auf das Gemüse legen. Das Ei verquirlen und den Teig damit bestreichen. Die Pizza im Ofen auf der mittleren Schiene etwa 15 Minuten backen.

Zum Servieren die Pizza aus dem Ofen nehmen und die Ränder vom Backpapier ablösen. Ein ausreichend großes Brett darauflegen und die Pizza vorsichtig stürzen. Den Mozzarella in Stücke zupfen und auf dem heißen Gemüse verteilen. Mit Parmesan und Basilikum garnieren und mit Olivenöl beträufeln. Die Pizza anschließend in Stücke schneiden und auf Tellern anrichten.

30 Min.
15 Min.
einfach
vegetarisch

ONE-POT-PASTA

Nudeln mit Sugo – alles in einem Topf gekocht. Für das superpraktische Rezept nimmt man am besten einen Topf, der so breit ist, dass die Linguine-Nudeln flach hineingelegt werden können. Die Nudeln saugen sich so mit Aroma voll und machen gleichzeitig die Sauce etwas sämig.

Für 4 Personen

3 Chorizo- oder geräucherte Andouille-Würstchen
1 Bund Basilikum
1 Knoblauchzehe
50 g Kalamata-Oliven (mit oder ohne Stein)
1 Packung Linguine (500 g)
2 EL Kapern
abgeriebene Schale von 1 Bio-Zitrone
1 Dose geschälte Tomaten (400 g)
50 ml Olivenöl
Salz · Pfeffer aus der Mühle
Chiliflocken

Zum Servieren
100 g geriebener Parmesan

Die Würstchen in mundgerechte Stücke schneiden. Das Basilikum waschen, trocken tupfen, die Blätter abzupfen und grob hacken. Den Knoblauch schälen und grob würfeln. Die Oliven ganz lassen oder in Ringe schneiden, falls welche ohne Stein genutzt werden.

Die Pasta in einen großen Topf legen und Würstchen, Basilikum, Knoblauch, Oliven, Kapern, Zitronenschale, geschälte Tomaten und Olivenöl auf die Pasta geben.

Alles mit 1 l Wasser bedecken und mit geschlossenem Deckel zum Kochen bringen. Dann die Pasta bei schwacher Hitze noch 5 bis 6 Minuten köcheln lassen, bis die Nudeln gar sind und die Flüssigkeit aufgesogen ist. Mit Salz, Pfeffer und Chiliflocken würzen.

Zum Servieren die Pasta einmal gut durchrühren und auf tiefen Tellern oder in Schalen anrichten. Mit Parmesan bestreuen.

30 Min.
★☆☆ einfach

TORTELLINI VOM BLECH mit Brokkoli und Ricotta

Ein supersimples Rezept, das sich in Nullkommanix für die große Runde zubereiten lässt. Einfach das Blech mit den lecker dampfenden Tortellini in die Mitte des Tisches stellen, sodass sich jeder selbst bedienen und zugreifen kann. Auch Kinder sind davon total begeistert!

Für 4 Personen

200 g Brokkoli
100 g Cocktailtomaten
1 rote Zwiebel
1 Knoblauchzehe
2 Zweige Rosmarin
250 g frische Tortellini oder Ravioli (aus dem Kühlregal; Füllung nach Geschmack)
100 ml Olivenöl
Salz · Pfeffer aus der Mühle
200 g Ricotta (ersatzweise Ziegenfrischkäse)

Zum Servieren
100 g Parmesan oder Pecorino
einige Blätter Basilikum

Backblech

Den Backofen auf 180 °C Ober-/Unterhitze vorheizen. Den Brokkoli putzen, waschen und in Röschen teilen. Die Stiele schälen und in Stücke schneiden. Die Cocktailtomaten waschen und halbieren. Zwiebel und Knoblauch schälen und in feine Streifen schneiden. Den Rosmarin waschen, trocken tupfen und die Nadeln abzupfen.

Das Gemüse in eine große Schüssel geben. Die Tortellini oder Ravioli hinzufügen, das Öl dazugeben und alles mit Salz und Pfeffer würzen. Die Rosmarinnadeln ebenfalls in die Schüssel geben. Alles gut mischen, sodass die Zutaten rundum von Öl überzogen sind.

Den Nudel-Gemüse-Mix gleichmäßig auf einem Backblech verteilen und im Ofen auf der mittleren Schiene je nach Größe der Nudeln 10 bis 15 Minuten garen. Herausnehmen und den Ricotta in Klecksen auf Nudeln und Gemüse verteilen.

Zum Servieren Parmesan oder Pecorino darüberreiben und alles mit Basilikumblättern garnieren.

30 Min.
10–15 Min.
einfach
vegetarisch, je nach Füllung

Schmeckt. Auch mit Resten.
Für dieses Gericht eignen sich auch Gemüsereste aus dem Kühlschrank sehr gut: Zucchini, Aubergine, Paprika – was gerade so da ist. Im Frühsommer passt auch Spargel gut zur Ofenpasta.

PFANNENPITAS mit **Hackragout** gefüllt

Für 4 Personen

Pfannenpitas

400 g Weizenmehl (Type 405)
½ Würfel Hefe (21 g; oder 1 Päckchen Trockenhefe)
150 ml lauwarmes Wasser
1 ½ TL Salz

Füllung

1 grüne Spitzpaprikaschote
1 Zwiebel
1 Knoblauchzehe
200 g Blattspinat
200 g Rinderhackfleisch
etwas Olivenöl
Salz · Pfeffer aus der Mühle
½ TL Kreuzkümmelpulver
1 Msp. Zimtpulver
½ TL edelsüßes Paprikapulver
1 EL Tomatenmark
1 Tomate
200 g Feta (Schafskäse)
1 Bund Petersilie

Außerdem

Mehl zum Arbeiten
200 g Naturjoghurt zum Servieren

Für die Pfannenpitas alle Zutaten in einer Rührschüssel zu einem geschmeidigen Hefeteig verarbeiten. Mit einem Küchentuch abgedeckt an einem warmen Ort etwa 30 Minuten gehen lassen.

Für die Füllung inzwischen die Paprika öffnen, entkernen, waschen und in Ringe oder Würfel schneiden. Zwiebel und Knoblauch schälen und in feine Streifen schneiden. Den Spinat verlesen, waschen und trocken schleudern, dabei etwas zerkleinern.

Das Hackfleisch in einer Pfanne in etwas Öl unter Wenden krümelig anbraten. Paprika, Zwiebel, Knoblauch, Gewürze und Tomatenmark hinzufügen und noch 3 bis 4 Minuten braten. Den Spinat dazugeben und zusammenfallen lassen, dann die Pfanne vom Herd nehmen. Die Tomate waschen, vierteln und den Stielansatz entfernen. Tomate und Feta in kleine Würfel schneiden und ebenfalls untermischen.

Zum Füllen der Pfannenpitas den Teig in 8 Portionen teilen und jede Teigportion in der Größe der gewählten Pfanne ausrollen. 4 Teigfladen mit je einem Viertel der Füllung belegen, dabei einen etwa 1 cm breiten Rand frei lassen. Den Rand mit etwas Wasser bestreichen, einen weiteren Teigfladen genau darauflegen und die Ränder rundum mit einer Gabel zusammendrücken.

Zum Garen der Pfannenpitas etwas Öl in einer Pfanne erhitzen und die Fladen darin nacheinander auf jeder Seite goldbraun ausbacken.

Zum Servieren die Pfannenpitas vierteln und mit dem Joghurt zum Dippen auf Tellern anrichten.

40 Min.
30 Min.
★★★ mittel

Schmeckt. Auch vegetarisch.
Für eine vegetarische Variante statt Hack geräucherten Tofu verwenden. Diesen einfach mit einer Gabel zerdrücken, sodass hackfleischähnliche Brösel entstehen. Dann wie beschrieben zubereiten. Feine Sojaschnetzel eignen sich auch gut.

Ideal für die große Runde: Ein einfacher Hefeteig wird zu Fladen ausgerollt, gefüllt und in der Pfanne ausgebacken. Das geht nur einer nach dem anderen, aber dafür schmecken sie frisch am besten und für die Wartezeit dazwischen passt ein knackiger Salat.

GLUTENFREIE **PFANNKUCHEN** mit **Gemüse** und **Kräuterdip**

Pfannkuchen ganz ohne Weizenmehl? Bitte schön! Ihr müsst nur beim Wenden aufpassen, denn die hauchdünnen glutenfreien Omeletts sind etwas weniger stabil als die aus klassischen Mehlteigen.

Für 8 Personen

Füllung
90 g bunte Quinoa (ca. 250 g gegart)
½ Salatgurke · 2 Tomaten
¼ Rotkohl
2 Avocados
je 3 Stiele Koriandergrün und Petersilie
250 g junger Spinat

Dip
½ rote Paprikaschote
1 Knoblauchzehe
5 getr. Tomaten (in Öl)
100 g Feta (Schafskäse)
2 EL Frischkäse
2 EL Milch
1 TL Oreganoblätter
Salz · Cayennepfeffer

Pfannkuchen
100 g Blattspinat
6 Eier (Größe M)
Salz · Pfeffer aus der Mühle
frisch geriebene Muskatnuss
Öl zum Braten

35 Min.
einfach
vegetarisch

Für die Füllung die Quinoa in Wasser nach Packungsanweisung rechtzeitig bissfest garen und abkühlen lassen. Gurke und Tomaten putzen, waschen und in dünne Scheiben schneiden. Den Rotkohl von den äußeren Blättern und vom harten Strunk befreien und in feine Streifen schneiden. Die Avocados halbieren, entkernen, schälen und ebenfalls in Streifen schneiden. Die Kräuter waschen, trocken tupfen und fein hacken. Den Spinat verlesen, waschen und trocken schleudern, dabei grobe Stiele entfernen.

Für den Dip die Paprika waschen, putzen und in grobe Stücke schneiden. Knoblauch schälen und grob würfeln. Die getrockneten Tomaten und den Feta ebenfalls grob zerkleinern. Alle Zutaten in einem hohen Rührbecher mit dem Stabmixer zu einem cremigen Dip verarbeiten und mit Salz und Cayennepfeffer abschmecken.

Für die Pfannkuchen den Spinat verlesen, waschen und trocken schleudern. Die Eier in eine Rührschüssel aufschlagen und mit Salz, Pfeffer und 1 Prise Muskatnuss würzen. Alles dem Stabmixer vermischen, dabei nach und nach den Spinat untermixen.

Den Backofen auf 60 °C Ober-/Unterhitze vorheizen. Eine beschichtete Pfanne erhitzen und mit etwas Öl ausstreichen. Aus dem Teig darin nach und nach 8 Pfannkuchen ausbacken. Auf einem Teller im Backofen warm halten, bis alle Pfannkuchen gebacken sind.

Zum Servieren die Pfannkuchen mit den vorbereiteten Zutaten füllen und mit dem Dip anrichten.

FLADENBROTPIZZA mit **Spinat**

Fast-Food mal anders – in Nullkommanix steht hier eine superleckere Pizza „American Style" auf dem Tisch. Die Fladenbrotpizzen lassen sich gut vorbereiten und natürlich auch mannigfach in Sachen Belag variieren.

Für 4 Personen

500 g tiefgekühlter Spinat (aufgetaut)
1 Knoblauchzehe
1 weiße Zwiebel
3 Strauchtomaten
250 g Hartkäse (z. B. Bergkäse oder Gouda; am Stück)
200 g Gorgonzola
250 g saure Sahne
Salz · Pfeffer aus der Mühle
2 türkische Fladenbrote

2 Backbleche · Backpapier

Den Backofen auf 200 °C Ober-/Unterhitze vorheizen. 2 Backbleche mit Backpapier belegen.

Für den Belag den aufgetauten Spinat in ein Sieb geben und die Feuchtigkeit gut ausdrücken. Dann in eine Schüssel geben und salzen. Den Knoblauch schälen und fein würfeln. Die Zwiebel schälen und in feine Streifen schneiden. Die Tomaten waschen und in Scheiben schneiden, dabei die Stielansätze entfernen.

Den Hartkäse grob raspeln. Den Gorgonzola in Stücke zupfen. Saure Sahne mit Knoblauch, Salz und Pfeffer verrühren.

Die Fladenbrote horizontal aufschneiden und die Hälften mit den Schnittflächen nach oben nebeneinander auf die Backbleche legen. Die Fladen zuerst mit der sauren Sahne bestreichen, dann mit Spinat und Zwiebelstreifen belegen. Den Hartkäse auf den Fladenbroten verteilen, dann die Tomaten und zuletzt den Gorgonzola.

Die Fladenbrotpizzen im Ofen ggf. nacheinander auf der mittleren Schiene etwa 15 Minuten backen. Herausnehmen und kurz abkühlen lassen.

Zum Servieren wie klassische Pizzen in Segmente schneiden.

30 Min.
2 × 15 Min.
★☆☆ einfach
vegetarisch

ARME RITTER
mit gebackenen Pflaumen

Auf diesen Gaumenschmaus werde ich immer noch begeistert von Zora angesprochen: Dabei handelt es sich auch noch um die beste Resteverwertung für Brot und ein tolles Dessert. Die warmen gebackenen Brotscheiben schmecken mit Vanilleeis und einer fruchtigen Komponente nach Wahl. Anstatt Pflaumen eignen sich ebenso Äpfel, Quitten, frische Beeren oder alles, worauf man Lust hat.

Für 6–8 Personen

Gebackene Pflaumen

500 g Pflaumen oder Zwetschgen
1 Vanilleschote
20 ml Olivenöl oder neutrales Pflanzenöl
30 g brauner Zucker
2 Sternanis
½ TL Zimtpulver
½ TL Lebkuchengewürz

Arme Ritter

200 ml Milch · 200 g Sahne
2 Eier (Größe M)
8 Scheiben altbackenes süßes Brot (z. B. Stuten, Brioche oder Hefezopf)
etwas Zimtpulver · 40 g Zucker
Butter (ersatzweise Sonnenblumen- oder Rapsöl)

Optional zum Servieren

8 Kugeln Vanilleeis

Backblech · Backpapier

Für die gebackenen Pflaumen den Backofen auf 190 °C Umluft vorheizen. Ein Backblech mit Backpapier belegen. Die Pflaumen waschen, halbieren und entsteinen. Die Vanilleschote längs aufschneiden und das Mark herauskratzen. Die Pflaumen in einer Schüssel mit Öl, Zucker, Sternanis, Zimt, Lebkuchengewürz, Vanillemark und -schote gründlich mischen.

Alles auf das Blech geben und im Ofen auf der mittleren Schiene 6 bis 7 Minuten garen. Dann sind die Pflaumen weich, behalten aber gleichzeitig noch ihre Form. (Verlängert man die Backzeit um 2 bis 3 Minuten, zerfallen die Früchte bereits zu Pflaumenmus.)

Für die armen Ritter Milch, Sahne und Eier in einer großen Schüssel gut verquirlen. Die Gebäckscheiben darin etwa 2 Minuten einweichen, dabei einmal wenden, damit sich beide Seiten vollsaugen können. Zimt und Zucker in einem tiefen Teller mischen. Einen großen Teller mit Küchenpapier belegen.

Ausreichend Butter in einer Pfanne schmelzen und die eingeweichten Brotscheiben darin auf beiden Seiten bei mittlerer Hitze etwa 2 Minuten goldbraun braten. Herausnehmen und auf Küchenpapier abtropfen lassen, noch warm im Zimtzucker wälzen.

Zum Servieren die armen Ritter diagonal halbieren und noch warm auf Teller verteilen. Jeweils einige Pflaumen danebensetzen und nach Belieben Vanilleeis dazu servieren.

30 Min.
6–7 Min.
einfach
vegetarisch

Schmeckt. Auch als Hauptgang.
Wenn die armen Ritter als Hauptspeise serviert werden sollen, reicht die angegebene Menge für 4 Personen.

ZUPFBROT
mit **Pekannüssen** und **Äpfeln**

Für 1 Kuchen

Hefeteig

- 290 ml ungesüßter Pflanzendrink
- 80 g Butter (ersatzweise Margarine für ein veganes Rezept)
- ½ Würfel Hefe (21 g)
- 550 g Weizenmehl (Type 405; ersatzweise Type 550)
- 80 g Zucker · 10 g Salz
- Mehl zum Arbeiten
- weiche Butter (ersatzweise Margarine für ein veganes Rezept) und Mehl für die Form

Füllung

- 3 säuerliche Äpfel (z. B. Wellant oder Boskop)
- 1 TL Zimtpulver · 3 TL Zucker
- 60 g Butter (ersatzweise Margarine für ein veganes Rezept)
- 100 g Pekannusskerne oder andere Nusskerne
- Puderzucker zum Bestäuben

Kastenform (24 cm Länge)

30 Min.

1 Std. 25 Min.

40–45 Min.

einfach

optional vegan

Für den Hefeteig Pflanzendrink und Butter oder Margarine in einem Topf auf etwa 40 °C erwärmen. Die Hefe hineinbröseln und unter Rühren darin vollständig auflösen. Mehl, Zucker und Salz in einer Rührschüssel mischen und eine Mulde hineindrücken. Die Hefemischung in die Mulde gießen und abgedeckt etwa 10 Minuten stehen lassen.

Anschließend alles mit den Knethaken des Handrührgeräts oder der Küchenmaschine etwa 6 Minuten geschmeidig kneten. Den Teig auf der leicht bemehlten Arbeitsfläche nochmals durchkneten und rund wirken, d. h. von außen nach innen wie eine Kugel einschlagen. Falls der Teig zu klebrig ist, mehr Mehl verwenden. Den Teig an einem warmen Ort abgedeckt etwa 1 Stunde aufs doppelte Volumen gehen lassen.

Für die Füllung inzwischen die Äpfel vierteln, schälen, entkernen und in Spalten schneiden. Zimt und Zucker mischen. Die Butter in einer Pfanne erhitzen und die Äpfel sowie die Zimt-Zucker-Mischung darin bei schwacher Hitze etwa 5 Minuten dünsten. Die Pekannüsse in einer Pfanne ohne Fett kurz rösten. Abkühlen lassen, danach grob hacken. (Wer mag, kann sie mit Wasser und Zucker karamellisieren wie im Rezept auf Seite 188 beschrieben.)

Zum Füllen den Teig auf der leicht bemehlten Arbeitsfläche zu einem Quadrat (ca. 40 cm Kantenlänge) ausrollen und in 16 oder 25 Quadrate (passend zur kurzen Seite der Form) schneiden. Apfelstücke und Pekannüsse darauf verteilen.

Die Form mit Butter einfetten, mehlieren und hochkant so aufstellen, dass sie nicht umfallen kann. Dann die belegten Quadrate vorsichtig übereinander in die Form stapeln. Dabei das letzte Stück mit der Füllung nach innen hineinlegen. Die Form anschließend flach auf den Boden stellen und die Teigplatten bei Bedarf etwas zurechtrücken, damit sie die ganze Form ausfüllen. Den Kuchen abgedeckt nochmals 15 Minuten gehen lassen. Inzwischen den Backofen auf 180 °C Umluft vorheizen.

Das Zupfbrot im Ofen auf der mittleren Schiene 40 bis 45 Minuten backen. Falls die Oberseite zu dunkel wird, die Backofentemperatur etwas reduzieren und die Backzeit verlängern. Aus dem Ofen nehmen und auf einem Kuchengitter abkühlen lassen, dann aus der Form lösen.

Zum Servieren mit Puderzucker bestäuben.

Äpfel, Pekannüsse und Hefeteig – was für eine Kombination! Noch lauwarm auseinandergezupft schmeckt das süße Hefebrot einfach unwiderstehlich.

ZIMTSCHNECKEN OHNE HEFE mit Frischkäse-Frosting

Für 12 Stück

Teig
550 g Weizenmehl (Type 405)
50 g Zucker
2 TL Backpulver
optional 1 TL Kardamompulver
3 Prisen Salz
250 g kalte Butter
300 ml kalte Milch
Mehl zum Arbeiten
weiche Butter und Mehl für die Form

Füllung
80 g weiche Butter
1 EL Zimtpulver
150 g brauner Zucker

Frischkäse-Frosting
60 g weiche Butter
80 g Puderzucker
120 g Frischkäse (Doppelrahmstufe)
etwas Vanillearoma

Muffinblech mit 12 Mulden (alternativ Backblech mit Backpapier oder -matte)

Für den Teig alle trockenen Zutaten in einer Rührschüssel mischen. Die kalte Butter in Würfel schneiden und hinzufügen. Alles mit den Knethaken des Handrührgeräts oder der Küchenmaschine verkneten, dabei die kalte Milch hinzufügen – es soll ein glatter Teig entstehen.

Den Teig auf der leicht bemehlten Arbeitsfläche mit den Händen in eine rechteckige Form drücken und abgedeckt etwa 10 Minuten ruhen lassen. Inzwischen das Muffinblech mit etwas weicher Butter einfetten und mehlieren. Den Backofen auf 200 °C Ober-/Unterhitze vorheizen.

Zum Füllen den Teig auf der leicht bemehlten Arbeitsfläche zu einem 5 bis 10 mm dicken Rechteck ausrollen. Die Teigplatte mit der weichen Butter bestreichen. Zimt und Zucker mischen und dick darüberstreuen. Den Teig von der langen Seite her straff aufrollen. Die fertige Teigrolle nochmals leicht rollen, damit sie überall die gleiche Dicke hat. Dann mit einem Sägezahnmesser quer in 12 Stücke schneiden.

Zum Backen die Teigschnecken mit der Spirale nach oben in die Mulden des Muffinblechs setzen und leicht andrücken. (Alternativ nebeneinander auf einem mit Backpapier oder -matte belegten Backblech backen.) Die Zimtschnecken im Ofen auf der mittleren Schiene etwa 25 Minuten backen. Herausnehmen und auf einem Kuchengitter abkühlen lassen.

Für das Frischkäse-Frosting Butter und Puderzucker in einer Schüssel glatt verrühren. Den Frischkäse (er sollte Zimmertemperatur haben) löffelweise dazugeben und unterrühren. Die Creme mit Vanille abschmecken und auf den abgekühlten Zimtschnecken verteilen.

1 Std.
25 Min.
einfach
vegetarisch

Schmeckt. Auch mal anders.
Anstelle des Frostings kann man die Zimtschnecken auch einfach nach dem Backen noch warm (!) in Zucker wälzen.

Die Zimtschnecken waren mein erstes Rezept am ersten Drehtag.
Ich war sehr aufgeregt. Es hat ohne Probleme wunderbar geklappt, also wird es auch unter allen Umständen zu Hause klappen. Ob lauwarm in Zimt und Zucker gewälzt oder abgekühlt mit Frischkäse-Frosting – beides ist lecker und ruck, zuck gemacht!

ZITRONENTHYMIAN-KUCHEN mit **Zucchini**

Keine Sorge, dieser Kuchen schmeckt trotz Gemüse wunderbar saftig, fruchtig und unwiderstehlich. Wer gerne Mohn mag, kann davon zusätzlich etwas mit in den Teig geben. Viel Aroma in Form eines Kastenkuchens, der auch noch wunderbar sommerlich frisch aussieht.

Für 1 Kuchen

Teig
Fett und Mehl für die Form
einige Zweige Zitronenthymian
300 g Weizenmehl (Type 405)
300 g Zucchini
150 ml Pflanzenöl
160 g Zucker
Salz
abgeriebene Schale von 1 Bio-Zitrone
2 Eier (Größe M)
15 g Backpulver
100 g gemahlene Mandeln

Zuckerguss
150 g Puderzucker
30–50 ml Zitronensaft

Kastenform (30 cm Länge)

Die Form einfetten und mehlieren. Den Backofen auf 180 °C Umluft vorheizen.

Für den Teig den Zitronenthymian waschen, trocken tupfen und die Blätter abzupfen. Das Mehl mit etwa 2 TL Zitronenthymianblättern im Blender sehr fein zermahlen. Die Zucchini putzen, waschen, nach Belieben schälen und auf der Gemüsereibe grob raspeln.

In einer Rührschüssel das Öl mit Zucker, 3 Prisen Salz, Zitronenschale und Eiern mit den Quirlen des Handrührgeräts aufschlagen. Das Thymianmehl mit dem Backpulver mischen und zur Ölmischung geben, alles zügig zu einem Teig verrühren. Die Mandeln hinzufügen und kurz unterrühren. Zuletzt die Zucchini unterheben.

Den Teig in der Form verteilen und im Ofen auf der mittleren Schiene etwa 1 Stunde backen (Stäbchenprobe!). Den Kuchen aus dem Ofen nehmen und etwa 15 Minuten auf einem Kuchengitter abkühlen lassen. Dann aus der Form stürzen und vollständig abkühlen lassen.

Für den Zuckerguss den Puderzucker mit dem Zitronensaft verrühren (zu Beginn wenig Zitronensaft dazugeben, damit der Guss eher zäh statt flüssig wird). Den Guss auf dem Kuchen verteilen und nach Belieben mit Zitronenthymian oder essbaren Blüten garnieren.

30 Min.
1 Std.
einfach
vegetarisch

Schmeckt. Auch mal anders.
Durch die Zucchini wird der Kuchen erst so richtig saftig. Zitronenthymian muss nicht rein, ist aber ein besonderes Geschmackserlebnis. Anstatt Zuckerguss schmeckt auch das Frischkäse-Frosting von Seite 30 auf diesem Kuchen. Wer noch mehr Garnitur möchte, kocht Zucchinischalen und geviertelte Bio-Zitronenscheiben in etwas Zuckerwasser in einem Topf kurz auf. Herausnehmen, abtropfen und abkühlen lassen ... und auf den fertigen Kuchen setzen!

KIRSCH-KARTOFFEL-KUCHEN mit Haselnüssen

Für 1 kleines Backblech

Kartoffelteig
400 g mehligkochende Kartoffeln
5 Eier (Größe M)
180 g Zucker · Salz
150 g gemahlene Haselnusskerne
½ Päckchen Backpulver
abgeriebene Schale von ½ Bio-Orange
½ TL Zimtpulver
250 g eingekochte Sauerkirschen (Schattenmorellen; ersatzweise frische Kirschen, entsteint)
Butter für das Blech

Topping
200 g Crème fraîche
200 g Sahne · 50 g Puderzucker
2 Päckchen Sahnesteif
2 TL abgeriebene Bio-Orangenschale

optional Kartoffelpresse oder -stampfer
Backblech (ca. 20 × 30 cm) · Backpapier

30 Min.
1 Std.
1 Std.
einfach
vegetarisch

Für den Teig am Vortag die Kartoffeln waschen, samt Schale in Salzwasser weich kochen. Anschließend abgießen, ausdampfen und über Nacht abkühlen lassen.

Am nächsten Tag die Kartoffeln pellen und mit einer Gabel oder einem Kartoffelstampfer zerdrücken bzw. durch die Kartoffelpresse drücken. Die Eier trennen. Die Eigelbe mit der Hälfte des Zuckers in einer Rührschüssel mit den Quirlen des Handrührgeräts hell schaumig aufschlagen. Die Eiweiße mit dem übrigen Zucker steif schlagen, dabei den Zucker nach und nach einrieseln lassen und 3 Prisen Salz hinzufügen.

Gestampfte Kartoffeln, Haselnüsse, Backpulver, Orangenabrieb und Zimt zum Eigelbschaum geben und alles gründlich verrühren. Dann den Eischnee nach und nach mit einem Teigschaber locker unterheben. Den Backofen auf 150 °C Umluft vorheizen. Das Backblech mit Butter einfetten und mit Backpapier auslegen.

Die Kirschen in einem Sieb abtropfen lassen. Den Teig auf dem Backblech glatt streichen. Die Kirschen darauf verteilen und den Kuchen im Ofen auf der mittleren Schiene etwa 1 Stunde backen. Herausnehmen und kurz abkühlen lassen, dann auf ein Kuchengitter stürzen und vollständig abkühlen lassen.

Für das Topping alle Zutaten in einer Rührschüssel mit den Quirlen des Handrührgeräts aufschlagen. Dann mit einem Teigschaber oder Tortenheber auf dem Kuchen verstreichen. Den Kuchen noch etwa 1 Stunde kühl stellen. Zum Servieren den Kuchen in rechteckige Schnitten schneiden.

Schmeckt. Auch mal anders.
Nach Belieben mit Kirschen, Pistazien und halbierten, in Zuckerwasser gekochten Bio-Orangenscheiben garnieren.

Dieser Kuchen ist nicht nur glutenfrei, sondern auch wunderbar saftig, fruchtig und nussig. Anstatt Kirschen kann man genauso jede andere Frucht nach Wahl verwenden. Für unterwegs einfach ohne Topping zubereiten.

TOPFBROT

Dieses Brot ist auch für Bäcker und Bäckerinnen ohne Erfahrung eine tolle Sache – es wird schnell und einfach in einem Topf gebacken und ist absolut überzeugend im Geschmack. Wer keinen gusseisernen Topf zur Hand hat, kann auch eine ganz normale Springform mit entsprechendem Durchmesser verwenden.

Für 1 Brot

½ Würfel frische Hefe (21 g; oder 1 Päckchen Trockenhefe)
300 g Dinkelmehl (Type 630)
250 g Weizenmehl (Type 405)
200 g Roggenmehl (Type 1150)
30 g Salz
30 g flüssiger Honig oder Zucker für eine vegane Variante
40 g Olivenöl

Optional zum Bestreuen
100 g Getreideflocken oder Kerne

1 ofenfester Topf (20–26 cm Ø) mit Deckel

Für den Hefeteig die Hefe in ½ l lauwarmes Wasser bröckeln und unter Rühren darin vollständig auflösen. Alle 3 Mehlsorten, Salz und Zucker in einer Rührschüssel mischen und die Wasser-Hefe-Mischung dazugeben. Dann das Olivenöl hinzufügen und alles mit den Knethaken des Handrührgeräts oder der Küchenmaschine etwa 6 Minuten verkneten, bis ein klebriger Teig entstanden ist.

Den Hefeteig in den Topf füllen und an einem warmen Ort mit einem Küchentuch abgedeckt etwa 45 Minuten gehen lassen. Anschließend die Hände mit etwas Wasser benetzen und den Teig leicht nach unten drücken. Nach Belieben jetzt Flocken und Kerne über das Brot streuen.

Zum Backen den Topf mit geschlossenem Deckel in den kalten Backofen auf die mittlere Schiene stellen und den Ofen auf 220 °C Umluft heizen. Das Brot erst etwa 35 Minuten backen, danach den Deckel abnehmen (Vorsicht, er ist sehr heiß!) und die Backofentemperatur auf 180 °C reduzieren. Das Brot noch weitere 20 bis 25 Minuten backen. Falls die Kruste des Brotes zu dunkel wird, die Temperatur nochmals reduzieren.

Das fertige Brot aus dem Ofen nehmen und noch im Topf auf einem Kuchengitter vollständig abkühlen lassen. Anschließend herauslösen.

15 Min.
45 Min.
55–60 Min.
★☆☆ einfach
optional vegan

Schmeckt. Auch mal anders.
Nach Belieben 100 g Flocken oder Kerne (z. B. Hafer-/Hirseflocken, Sonnenblumen-/Kürbiskerne) oder Chiasamen mit in den Teig geben.

SCHOKOLADEN-MANDELSPLITTER mit Fleur de sel

Wahrscheinlich das einfachste und schnellste Rezept aller Staffeln: ganz ohne Backen. Okay, okay, Zora hatte Recht, die Abkühlzeit muss man natürlich auch mit einplanen, sonst werden die Splitter zu weich und nicht knusprig.

Für ca. 15 Stück

100 g Mandelstifte
100 g Zartbitterkuvertüre
100 g Vollmilchkuvertüre
10 g Butter
etwas Fleur de sel
80 g ungesüßte Cornflakes

Backblech oder großer Teller · Backpapier

Die Mandeln in einer Pfanne ohne Fett vorsichtig hellbraun rösten. Herausnehmen und abkühlen lassen.

Beide Kuvertüren hacken und mit der Butter in einer Metallschüssel über dem heißen Wasserbad unter Rühren vorsichtig schmelzen. (Achtung, beim Wasserbad soll die Schüssel das Wasser nicht berühren, allein der heiße Dampf bringt die Schokolade zum Schmelzen!) Zwischendurch immer wieder rühren, damit sich Schokolade und Butter gut verbinden.

Die geschmolzene Kuvertüre-Butter-Mischung vom Wasserbad nehmen und Fleur de sel, Cornflakes und Mandelstifte hinzufügen. Alles so lange locker mischen, bis Mandeln und Cornflakes vollständig von der Schokolade überzogen sind.

Zum Formen ein Backblech oder einen großen Teller mit Backpapier belegen. Zum Formen jeweils 1 gut gehäuften Esslöffel Mandelsplittermasse nebeneinander auf das Backpapier setzen. Wer mag, kann auch größere oder kleinere Schoko-Mandelsplitter herstellen.

Im Kühlschrank oder an einem kühlen Ort etwa 1 Stunde fest werden lassen. Die Mandelsplitter halten sich gut verschlossen in einer Dose etwa 5 Tage.

25 Min.
1 Std.
★★★ einfach
vegetarisch

EISSPLITTERTORTE

Diese Torte ist ruck, zuck gemacht, gebacken werden muss sie nicht. Das Eisfach übernimmt diesen Schritt. Wer mag, kann die karamellisierten Nüsse wie im Tipp unten beschrieben selbst herstellen. Wenn es schnell gehen muss (Gefrierzeit mit einrechnen!), eignet sich aber auch wunderbar fertiger Krokant.

Für 1 Torte

100 g Baiser (aus der Bäckerei oder dem Supermarkt)
150 g Schokolade mit Kaffeegeschmack oder Mokkaböhnchen
400 g kalte Sahne
30 g Vanillezucker
100 g Haselnusskrokant oder die gebrannten Mandeln von Seite 188

Optional zum Servieren
etwas gehackte Schokolade oder zerbröselte Baisers

Schüssel oder Springform (20 cm Ø)

Das Baiser mit den Fingern oder einem Messer grob zerbröseln. Die Schokolade oder die Mokkaböhnchen mit einem Messer klein hacken.

Die Sahne in einer Rührschüssel mit den Quirlen des Handrührgeräts steif schlagen und dabei den Vanillezucker einrieseln lassen. Die gehackte Schokolade, den Haselnusskrokant oder andere gebrannte Nüsse und die Baiserbrösel unter die Sahne heben.

Die Mischung in die gewünschte Form geben, mit Frischhaltefolie abdecken und im Tiefkühlfach mindestens 6 Stunden, am besten über Nacht, gefrieren.

Zum Servieren die Eissplittertorte kurz vorher aus dem Tiefkühlfach nehmen und etwas antauen lassen. Anschließend aus der Form lösen (ggf. etwas warmes Wasser über die Form laufen lassen) und in Stücke schneiden. Wer mag, kann noch etwas gehackte Schokolade und zerbröselte Baisers darüberstreuen.

15 Min.
6 Std.
★☆☆ einfach
vegetarisch

Schmeckt. Auch mal anders.
Wer mag, kann anstelle des Krokants selbst gemachte karamellisierte Nüsse verwenden. Wie man die macht, steht im Rezept für die gebrannte Mandelcreme auf Seite 188. Anstatt Mandeln können auch Nüsse, z. B. Haselnüsse oder Walnüsse, verwendet werden. Die Nüsse anschließend nicht pürieren, sondern nur grob hacken.

Zora
Theresa

FÜR UNTERWEGS

Unterwegs, hungrig, aber keine Lust auf Kantine, Imbissbude oder Restaurant? Die Rezepte auf den folgenden Seiten lassen sich besonders gut vorbereiten und zur Arbeit oder zu einem Ausflug mitnehmen. Je nach Geschmack und Vorliebe können diese Gerichte variiert werden.

Perfekt für to go oder die Vorratskammer ist zum Beispiel die Nudelsuppe von Seite 44. Basis ist eine kräftige asiatische Würzpaste, die sich gut lagern und für schnelle Suppen oder Saucen einsetzen lässt. Wer unterwegs etwas Süßes braucht, kann Energiebällchen, Cookies oder knusprige Birnentaschen in die Brotdose packen.

NUDELSUPPE TO GO mit asiatischer Würzpaste

Für ca. 300 g Paste

Würzpaste
1 Knolle Knoblauch
1 haselnussgroßes Stück Ingwer
2 große Zwiebeln
etwas Pflanzenöl
2 EL brauner Zucker
2 EL Sojasauce
2 EL Fischsauce
2 EL Aceto balsamico
2 EL Chilisauce (ersatzweise Ketchup)
250 g passierte Tomaten (aus Glas oder Dose)
1 Sternanis
Zucker · Salz

sterilisiertes Schraubglas (ca. 300 ml Inhalt)

Suppe (Menge nach Belieben)
Möhren
Frühlingszwiebeln · Brokkoli
gegartes Hähnchenbrustfilet oder Sojageschnetzeltes
Pilze (z. B. Shiitake oder Champignons)
tiefgekühlte Erbsen oder grüne Bohnen
hart gekochte Eier
asiatische Instant-Nudeln (ersatzweise vorgegarte Nudeln)
Koriandergrün und Limettensaft zum Garnieren
1–2 EL Würzpaste (siehe oben)

45 Min.

★★★ einfach

Für die Würzpaste Knoblauch, Ingwer und Zwiebeln schälen und grob würfeln und anschließend im Blitzhacker zerkleinern. Etwas Öl in einer hohen Pfanne erhitzen und die Masse darin anschwitzen. Dabei den Zucker unterrühren und alles leicht karamellisieren. Die Hitze reduzieren, dann Sojasauce, Fischsauce, Essig und Chilisauce oder Ketchup dazugeben. Zuletzt die passierten Tomaten und den Sternanis hinzufügen und anschließend alles offen bei schwacher Hitze 20 bis 30 Minuten einkochen, bis die Flüssigkeit fast vollständig verdampft und eine cremige Masse entstanden ist.

Probieren, ob die Würzpaste intensiv genug schmeckt. Bei Bedarf mit Zucker, Salz und/oder Gewürzen nachwürzen. Dann heiß in ein sterilisiertes Schraubglas füllen, sofort fest verschließen und abkühlen lassen. Im Kühlschrank bis zu 2 Wochen aufbewahren und nach Bedarf verwenden.

Für eine schnelle Suppe am Abend oder to go die Zutaten am Morgen oder Vorabend vorbereiten. Dafür eignen sich Gemüse mit kurzer Garzeit, wie Möhren, Frühlingszwiebeln oder Brokkoli. Das Gemüse in feine Streifen hobeln oder in Stücke schneiden. Andere Zutaten wie Hähnchen, veganer Fleischersatz (Sojageschnetzeltes) oder Pilze vorher braten und nach Geschmack würzen. Als Einlage eignen sich auch tiefgekühlte und vorgegarte Zutaten wie Erbsen oder Bohnen. Hart gekochte Eier können ebenfalls hinzugefügt werden.

Pro Suppe 1 bis 2 EL Gewürzpaste in ein sauberes Einmachglas oder einen anderen hitzefesten und verschließbaren Behälter füllen. Instant-Nudeln oder vorgegarte Nudeln sowie die weiteren vorbereiteten Zutaten nach Belieben hinzufügen. Das Glas verschließen und zu Hause oder am Arbeitsplatz im Kühlschrank aufbewahren. Für die Zubereitung den Behälter mit kochend heißem Wasser auffüllen, alles umrühren und wenige Minuten ziehen lassen. Nach Belieben mit Koriandergrün oder Limettensaft verfeinern.

Schmeckt. Auf Vorrat.
Grundlage für die Nudelsuppe ist eine Gewürzpaste. Am besten in größeren Mengen herstellen, da die Paste im Kühlschrank bis 2 Wochen haltbar ist und sich auch gut als Gewürzbasis für andere Gerichte eignet.

Die Paste lässt sich zum Beispiel zu der leckeren schnellen Suppe verarbeiten, die ich hier auch gleich noch mitliefere. Das Rezept kann man beliebig variieren und toll vorbereiten.

Die kleinen herzhaften Törtchen sind bei Party und Picknick, aber auch auf jeder langen Reise wahre Helden. Schmackhaft und sättigend, wie sie sind, lassen sich die kleinen Quiches überall hin mitnehmen.

MINIQUICHES
aus der **Muffinform**

Für 12 Stück

Teig
250 g Weizenmehl (Type 405)
100 g kalte Butter
(ersatzweise Margarine)
Salz
weiche Butter
Mehl zum Arbeiten

Füllung
2 Rote Beten
(vorgegart und ggf. vakuumiert)
1 rote Zwiebel
Salz · Pfeffer aus der Mühle
abgeriebene Schale und Saft von
je 1 Bio-Zitrone und -Orange
je 1 grüne und gelbe Zucchini
2 Zweige Rosmarin
4 Eier (Größe M)
200 g Sahne
150 g Ziegenkäserolle
2 EL Pinien- oder Sonnenblumenkerne

Optional zum Servieren
1 EL flüssiger Honig

Muffinblech mit 12 Mulden

1 Std.
30 Min.
35 Min.
★★★ einfach
vegetarisch

Für den Teig Mehl, kalte Butter (in Würfeln) und Salz in einer Rührschüssel mit 100 bis 120 ml Wasser mischen und mit den Knethaken des Handrührgeräts oder der Küchenmaschine etwa 6 Minuten zu einem geschmeidigen Teig verkneten. Falls der Teig zu klebrig ist, noch etwas Mehl hinzufügen. Ist er zu fest, noch etwas Wasser dazugeben. Den Teig in Frischhaltefolie wickeln und im Kühlschrank etwa 30 Minuten ruhen lassen. (Alternativ fertigen Quicheteig verwenden!)

Den Backofen auf 175 °C Ober-/Unterhitze vorheizen. Die Mulden des Muffinblechs mit Butter einfetten und mit Mehl bestäuben. Anschließend den Teig auf der leicht bemehlten Arbeitsfläche nochmals durchkneten und zu einem Rechteck ausrollen. Aus der Teigplatte Kreise in doppelter Muldengröße ausstechen. (Alternativ den Teig in 12 kleine Bälle formen und diese anschließend ausrollen.) Die ausgestochenen Teiglinge in die Mulden setzen und etwas andrücken, die Teigränder sollten dabei leicht überstehen. Bis zur Verwendung kühl stellen.

Für die Füllung Rote Beten klein würfeln (Achtung, sie färben stark ab!) und in eine Schüssel geben. Zwiebel schälen, fein würfeln und zur Roten Bete geben, mit Salz und Pfeffer würzen. Zitronen- und Orangenschale sowie etwas Saft der Zitrusfrüchte hinzufügen und alles gut mischen. Die Zucchini putzen, waschen und mit dem Sparschäler längs in dünne Streifen schneiden. Je 1 Scheibe grüne und gelbe Zucchini übereinanderlegen und aufrollen (Reste anderweitig verwenden).

Für den Guss den Rosmarin waschen, trocken tupfen, die Nadeln abzupfen und fein hacken. Die Eier in einer Schüssel verquirlen, dann die Sahne untermischen und alles mit Salz, Pfeffer und Rosmarin würzen. Die Form aus dem Kühlschrank nehmen und den Rote-Bete-Mix auf 6 Teigmulden verteilen. In die anderen 6 Mulden die eingerollten Zucchini setzen. Anschließend den Eierguss darübergeben. Den Ziegenkäse in 6 Scheiben schneiden und auf die Rote-Bete-Füllung setzen. Die Zucchini mit grob gehackten Pinien- oder Sonnenblumenkernen bestreuen. (Wer mag, kann hier auch noch Zwiebelwürfel hinzufügen.)

Die Miniquiches im Ofen auf der unteren Schiene etwa 35 Minuten backen, herausnehmen und kurz abkühlen lassen, dann aus der Form lösen. Lauwarm schmecken sie am besten. Die Rote-Bete-Quiches nach Belieben zum Servieren mit 1 EL flüssigem Honig beträufeln.

ENERGIEBÄLLCHEN mit Nüssen und Trockenobst

Ob beim Sport, auf einer Wanderung oder im Hungerloch – die Energiebällchen sind der perfekte Snack für unterwegs und zwischendurch! Nüsse und Früchte kann man je nach Geschmack variieren. Und in einem hübschen Glas verpackt eignen sie sich super zum Verschenken.

Für 15–20 Stück

250 g gemischte Nusskerne (z. B. Mandeln, Hasel- oder Walnusskerne)
50 g Kokosraspel
150 g Zucker
300 g getr. entsteinte Datteln (ersatzweise gemischtes Trockenobst, z. B. Aprikosen, Cranberrys, Rosinen)
2 EL Haselnuss- oder Mandelmus (ersatzweise Wasser)

Zum Wälzen
Kokosraspel, Sesamsamen oder Kakaopulver

Für die Bällchenmasse Nüsse, Kokosraspel und Zucker in den Mixer geben und fein hacken. Wer mag, röstet die Zutaten vorher in einer Pfanne ohne Fett kurz an.

Datteln oder Trockenobst dazugeben und ebenfalls untermixen. Nach Bedarf so viel Nussmus oder Wasser hinzufügen, bis eine geschmeidige, aber klebrige und gut formbare Masse entstanden ist.

Für die Bällchen aus der Masse 15 bis 20 Portionen abnehmen und jede Portion mit angefeuchteten Händen rund formen. Nach Belieben in Kokosraspeln, Sesam oder Kakao wälzen.

Verpackt in einem luftdichten Behälter sind die Kugeln im Kühlschrank etwa 10 Tage haltbar.

10 Min.
★★★ einfach
vegan

Schmeckt. Auf Vorrat.
Die Energiebällchen lassen sich übrigens sehr gut einfrieren und bei Bedarf portionsweise auftauen.

BUCHWEIZEN-COOKIES mit Nüssen

Dieses glutenfreie Cookie-Rezept habe ich in einem Restaurant in Frankreich entdeckt. Der Buchweizengeschmack passt perfekt zu dunkler Kuvertüre und gerösteten Nüssen. Der ungebackene Teig lässt sich übrigens portionsweise hervorragend einfrieren.

Für ca. 16 Stück

125 g Zartbitterkuvertüre
100 g Haselnusskerne
100 g Mandelstifte
100 g gemahlene Mandeln
300 g Rohrohrzucker (ersatzweise ein anderer Zucker)
220 g weiche Butter
5 g Fleur de sel
2 g Zimtpulver
2 Eier (Größe M)
50 g Speisestärke
125 g helles oder Vollkorn-Reismehl
110 g Buchweizenmehl

Backblech · Backpapier oder -matte

40 Min.
30 Min.
17 Min.
einfach
vegetarisch

Für den Teig die Kuvertüre hacken. Haselnüsse und Mandelstifte nacheinander (!) in einer Pfanne ohne Fett hell rösten. Herausnehmen und kurz abkühlen lassen, die Haut der Haselnüsse etwas abreiben und die Nüsse grob hacken. Die Mandelstifte ebenfalls grob hacken. Je 30 g von Kuvertüre, Haselnüssen und Mandeln zum Verzieren beiseitestellen.

Zucker, weiche Butter, Salz und Zimt in einer Rührschüssel mit den Quirlen des Handrührgeräts oder der Küchenmaschine schaumig aufschlagen. Die Eier einzeln dazugeben und unterrühren. Stärke, Reis- und Buchweizenmehl mischen und ebenfalls hinzufügen. Alles geschmeidig und frei von Klümpchen verkneten. Zuletzt gehackte Kuvertüre, Haselnüsse und Mandeln hinzufügen und kurz unterkneten. Den Teig mindestens 30 Minuten kühl stellen.

Zum Backen den Backofen auf 190 °C Umluft vorheizen. Ein Backblech mit Backpapier oder einer Backmatte belegen. Aus dem Teig etwa 16 kleine Portionen (à ca. 70 g) mit ausreichend Abstand nebeneinander auf das Blech setzen. Das geht am besten mit einem Eisportionierer oder Löffel.

Die Cookies im Ofen auf der mittleren Schiene erst etwa 7 Minuten backen. Dann das Blech drehen und die Cookies bei 170 °C Umluft weitere 10 Minuten backen. (Die Backzeit hängt sehr stark vom Backofen und von der Größe der Kekse ab.) Die Cookies aus dem Ofen nehmen und auf einem Kuchengitter abstellen.

Zum Verzieren die Cookies noch heiß mit den beiseitegestellten Zutaten (gehackte Kuvertüre, Haselnüssen und Mandeln) bestreuen. Wer mag, gibt zusätzlich ein paar Flocken Fleur de sel darauf.

Die Cookies halten sich gut verschlossen in einer Dose etwa 14 Tage.

KNUSPRIGE **BIRNENTASCHEN** aus **Filoteig**

Filoteig oder auch Yufkateig sind echte Alleskönner: Hier umhüllen sie eine fruchtige Füllung aus Birnen und Cranberrys mit knusprig feiner Hülle. Der große Vorteil: Der Teig liegt bereits fertig ausgerollt im Kühlregal – also fast ein Last-Minute-Rezept.

Für 9–12 Stück

3 Birnen
50 g Cranberrys
1 haselnussgroßes Stück Ingwer
100 g Butter
(ersatzweise Margarine für eine vegane Variante)
2 EL Ahornsirup
(ersatzweise Agavendicksaft oder flüssiger Honig)
Zimtpulver
abgeriebene Schale von 1 Bio-Orange
1 Rolle Filoteig
(aus dem Kühlregal; ersatzweise Yufkateig)
Puderzucker zum Bestäuben

Backblech · Backpapier oder -matte

45 Min.
20–25 Min.
einfach
optional vegan

Für die Füllung die Birnen vierteln, schälen und das Kerngehäuse entfernen. Die Birnenviertel in kleine Würfel schneiden. Die Cranberrys grob hacken. Den Ingwer schälen und fein reiben. 40 g Butter in einem Topf schmelzen und Ahornsirup und Birnen darin bei mittlerer Hitze etwa 5 Minuten weich dünsten. 2 Prisen Zimt, Cranberrys, Ingwer und Orangenschale hinzufügen, dann vom Herd nehmen und abkühlen lassen. Den Backofen auf 190 °C Ober-/Unterhitze vorheizen. Ein Backblech mit Backpapier oder einer Backmatte belegen.

Zum Vorbereiten des Filoteiges die restliche Butter in einem Topf schmelzen. 4 bis 5 Teigblätter auf der Arbeitsfläche auslegen. Nacheinander jede Teigplatte mit etwas flüssiger Butter bestreichen und eine zweite Teigplatte darauflegen. Den Vorgang mit den weiteren Platten fortsetzen. Die so entstandene geschichtete Platte in 3 bis 4 jeweils etwa 10 cm breite Bahnen schneiden und mit flüssiger Butter bestreichen.

Zum Füllen von der abgekühlten Birnenfüllung jeweils ein Häufchen auf das Ende einer Bahn mit etwas Abstand zu den Rändern legen. Das Teigende anschließend diagonal auf die Birnenfüllung falten, sodass ein Dreieck entsteht. Das Dreieck immer wieder diagonal auf die Teigbahn falten, bis die Bahn zu Ende ist. Den Vorgang wiederholen, bis die Teigrolle aufgebraucht ist.

Die Teigtaschen mit etwas Abstand nebeneinander auf das Blech legen und im Ofen auf der mittleren Schiene 20 bis 25 Minuten backen. Herausnehmen und auf einem Kuchengitter kurz abkühlen lassen.

Zum Servieren mit Puderzucker bestäuben.

Schmeckt. Auch mal anders.
Diese Birnentaschen sind herrlich knusprig und mit fertigem Filoteig ruck, zuck fertig. Anstelle von Cranberrys schmecken auch Rosinen oder Nüsse in der Füllung.

LIEBLINGS-ESSEN

Saftige Hackbällchen, Pannfisch und Chili-Cheese-Pommes, Windbeutel, kalter Hund und Herrencreme ... Unvergessene Klassiker aus der Kindheit, Heimatküche und Retrorezepte gehören ebenso in dieses Kapitel wie moderne Food-Trends und Fast-Food-Lieblinge. Alles, was schmeckt und gut nachgekocht werden kann.

RUSTIKALER HÄHNCHENEINTOPF

Hühnersuppe ist nicht ohne Grund Balsam für die Seele – wenn es draußen kalt und nass ist, wärmt sie wunderbar von innen. Ich habe hier eine mediterrane Variante gekocht mit Tomaten, Oliven und ganz viel Knoblauch!

Für 4–5 Personen

1 Hähnchen (ersatzweise 4 Hähnchenkeulen und einige -flügel)
2 Zwiebeln
4 Kartoffeln
2 Möhren
1 Knolle Knoblauch
1 Bio-Orange
Salz
etwas Pflanzenöl
200 ml trockener Rotwein
1 Dose passierte Tomaten (400 g)
1 Bund Koriandergrün
200 g Cocktailtomaten
1 haselnussgroßes Stück Ingwer
optional 1 Chilischote
1 Zimtstange
2 Sternanis
1 TL geräuchertes Paprikapulver (Pimentón de la Vera)
200 g Oliven (ohne Stein)

Das ganze Hähnchen ggf. mit der Geflügelschere zerlegen und die übrigen Karkassen für eine Brühe o. Ä. verwenden. Alle Hähnchenstücke waschen und trocken tupfen. Das Gemüse putzen, waschen bzw. schälen und in Würfel schneiden – das muss nicht besonders fein und gleichmäßig sein. Den Knoblauch quer zerteilen. Die Orange heiß waschen, abtrocknen und in Scheiben schneiden.

Die Hähnchenkeulen und -flügel mit Salz bestreuen. Das Öl in einem Topf erhitzen und die Keulen und Flügel darin so lange anbraten, bis sie goldgelb sind. Das Gemüse hinzufügen, kurz mit anschwitzen und anschließend mit dem Wein ablöschen. Die passierten Tomaten hinzufügen, die Dose nochmals mit Wasser auffüllen und ebenfalls in den Eintopf geben. Alles nochmals aufkochen.

Inzwischen den Koriander waschen, trocken tupfen und grob hacken. Die Cocktailtomaten waschen. Ingwer und optional Chili in Scheiben schneiden. Die Hälfte des Korianders mit Cocktailtomaten, Ingwer, Chili, Zimt, Sternanis und Paprikapulver hinzufügen. Den Eintopf offen bei schwacher Hitze 45 bis 60 Minuten leicht köcheln lassen, dabei ab und zu umrühren.

Zuletzt, falls ein ganzes Hähnchen verarbeitet wurde, die Hähnchenbrustfilets und die Oliven dazugeben und alles noch etwa 10 Minuten garen.

Zum Servieren den Eintopf mit Salz abschmecken und mit dem restlichen Koriander garnieren. Als Beilage passt Reis oder Brot.

20 Min.
1 Std.
★☆☆ einfach

KLASSISCHE **FRIKADELLEN** mit **Gurken-Dill-Salat**

Das Rezept ist das absolute Lieblingsessen meines Vaters. Früher haben wir es richtig oft gegessen, wenn wir Kinder nach der Schule nach Hause gekommen sind. Auch wenn wir uns in der Familie heutzutage mal wieder zum Essen verabreden, ist ganz klar, was gekocht wird: Frikadellen!

Für 4 Personen

Frikadellen
1 Zwiebel
½ Bund Petersilie
Pflanzenöl zum Braten
1 altbackenes Brötchen
(ersatzweise 50 g Paniermehl)
500 g Rinderhackfleisch
Salz · Pfeffer aus der Mühle
1 Ei
1 EL Weizenmehl (Type 405)
1 EL Tomatenmark
1 EL mittelscharfer Senf
1 TL edelsüßes Paprikapulver
1 TL getr. Kräuter der Provence
optional 1 Knoblauchzehe

Omas Gurkensalat
1 Salatgurke
Salz · Pfeffer aus der Mühle
2 EL Essig (z. B. Apfelessig)
4 EL Sonnenblumenöl
1 EL Zucker
100 g Sahne
1 Bund Dill

40 Min.

★★★ einfach

Für die Frikadellen die Zwiebel schälen und in sehr feine Würfel schneiden. Die Petersilie waschen, trocken tupfen und fein hacken.

Die Zwiebelwürfel in einer Pfanne in etwas Öl leicht anschwitzen, dann beiseitestellen und etwas abkühlen lassen. Das altbackene Brötchen in kleine Stücke schneiden und in Wasser einweichen. Das Hackfleisch in eine Schüssel geben, Zwiebelwürfel und Petersilie hinzufügen, mit Salz und Pfeffer würzen. Ei, Mehl, Tomatenmark, Senf und die Gewürze ebenfalls dazugeben und alles gut verkneten.

Die Flüssigkeit aus dem Brötchen drücken und die Brotmasse ebenfalls unter die Hackmasse kneten. Wer mag, schält noch 1 Knoblauchzehe und presst ein wenig dazu.

Aus der Masse mit angefeuchteten Händen 8 Frikadellen formen. Etwas Öl in einer Pfanne erhitzen und die Frikadellen darin goldbraun braten. Dabei nach dem Anbraten die Hitze etwas reduzieren, damit die Frikadellen nicht zu dunkel werden.

Für Omas Gurkensalat die Gurke putzen, waschen und samt Schale auf der Gemüsereibe in dünne Scheiben hobeln. In eine Schüssel geben, mit Salz und Pfeffer würzen und etwa 10 Minuten ziehen lassen. Danach mit Essig, Öl und Zucker süßsauer abschmecken und die Sahne hinzufügen. Den Dill waschen, trocken tupfen, die Spitzen abzupfen, fein hacken und zuletzt unter den Salat mischen.

Zum Servieren die Frikadellen mit dem Gurkensalat auf Tellern anrichten.

VEGANE BROTFRIKADELLEN

Das Rezept ist eine tolle Resteverwertung für altbackenes Brot und Brotabschnitte. Schnell und einfach zubereitet und super für Menschen, die Wert auf eine pflanzenbasierte Ernährung legen. Für alle Veganer habe ich auch noch eine garantiert eifreie Remoulade entwickelt!

Für 4 Personen

Brotfrikadellen

400 g veganes altbackenes Brot oder Brötchen (vom Vortag)
1 Zwiebel
½ Bund Petersilie
Pflanzenöl zum Braten
50 g zarte Haferflocken
etwas mittelscharfer Senf
1 TL Tomatenmark
Salz · Pfeffer aus der Mühle
frisch geriebene Muskatnuss
edelsüßes Paprikapulver
1 TL getr. Kräuter der Provence

Vegane Remoulade

1 kleine Zwiebel
½ Bund Petersilie
1 Gewürzgurke
70 ml ungesüßter Sojadrink
½ TL grobkörniger Senf
200 ml Pflanzenöl
1 TL Kapern
Salz · Pfeffer aus der Mühle

40 Min.
★★★ einfach
vegan

Für die Brotfrikadellen das Brot in kleine Würfel schneiden und in einer Schüssel mit kochendem Wasser übergießen. Etwa 10 Minuten quellen lassen. Danach in ein Sieb abgießen und abtropfen lassen. Die Flüssigkeit dabei auch mit den Händen aus dem Brot drücken. Die Masse soll nicht breiig werden, sondern noch stückig bleiben.

Inzwischen die Zwiebel schälen und fein würfeln. Die Petersilie waschen, trocken tupfen und fein hacken. Etwas Öl in einer Pfanne erhitzen und die Zwiebeln darin kurz anschwitzen, vom Herd nehmen.

Alle vorbereiteten Zutaten mit Haferflocken, Senf, Tomatenmark, je 1 Prise Muskatnuss und Paprikapulver und den Kräutern der Provence zum eingeweichten Brot geben und gut untermischen. Aus der Masse mit angefeuchteten Händen 8 Frikadellen formen.

Etwas Öl in einer Pfanne erhitzen und die Brotfrikadellen darin bei mittlerer Hitze goldbraun braten.

Für die vegane Remoulade die Zwiebel schälen und fein würfeln. Die Petersilie waschen, trocken tupfen und grob hacken. Die Gewürzgurke halbieren. Sojadrink und Senf in einen hohen Rührbecher geben und mit dem Stabmixer einmal aufmixen.

Die Mayonnaisebasis weiter mixen und dabei das Öl in kleinen Portionen hinzufügen. Nach und nach entsteht so eine cremige und stabile Konsistenz. Zuletzt Zwiebel, Gewürzgurke und Kapern zur Mayonnaise geben und kurz untermixen. Die Remoulade mit Salz, Pfeffer und nach Belieben etwas Zucker abschmecken.

Zum Servieren die Brotfrikadellen auf Tellern anrichten und die vegane Remoulade dazu reichen.

SCHUPFNUDELN
mit geröstetem **Spitzkohl** und **Pancetta**

Ein schönes, deftiges, aber dennoch einfaches Gericht, das mit Spitzkohl und Pancetta einen gewissen Pfiff erhält. Es lässt sich übrigens auch gut mit gekauften Schupfnudeln zubereiten, wenn es mal etwas schneller gehen muss.

Für 4 Personen

Schupfnudeln
1 kg mehligkochende Kartoffeln
Salz
1 Ei (Größe M)
300 g Weizenmehl (Type 405)
frisch geriebene Muskatnuss
Mehl zum Arbeiten

Spitzkohl
½ Spitzkohl
2½ EL Pflanzenöl
Salz · Pfeffer aus der Mühle
1 Msp. Kümmelpulver
1 Zwiebel
200 g Pancetta (in dünnen Scheiben; ersatzweise durchwachsener Speck)
250 g Sahne
frisch geriebene Muskatnuss
optional etwas Butter oder Öl
1 Bund Petersilie

Kartoffelpresse oder -stampfer

1 Std.
15 Min.
★★★ einfach

Für die Schupfnudeln die Kartoffeln waschen und samt Schale in Salzwasser weich garen. Anschließend abgießen, etwas abkühlen und ausdampfen lassen, dann noch warm pellen. Mit der Kartoffelpresse oder einem Kartoffelstampfer fein zerdrücken und in eine Schüssel geben. Ei und Mehl hinzufügen und die Masse mit Salz und Muskat würzen. Alles mit den Händen zu einem geschmeidigen Teig kneten.

Den Schupfnudelteig in Stücke teilen und jedes Teigstück auf der leicht bemehlten Arbeitsfläche zu einem etwa 1 cm dicken Strang rollen. Die Teigstränge in 4 bis 5 cm lange Stücke schneiden und jedes Stück zwischen den Handflächen oder auf einem Brett zu einer Schnupfnudel mit spitz zulaufenden Enden formen. Reichlich Wasser in einem Topf aufkochen und etwas salzen. Die Hitze reduzieren, das Wasser darf nur leicht simmern. Die Schupfnudeln im siedenden Wasser etwa 5 Minuten köcheln lassen. Sobald sie an die Oberfläche steigen, mit einem Schaumlöffel herausnehmen und sofort weiterverarbeiten.

Für den Spitzkohl währenddessen den Backofen auf 200 °C Umluft vorheizen. Den Spitzkohl putzen, halbieren und auf der Gemüsereibe bis auf den harten Strunk fein hobeln oder schneiden. Den Spitzkohl mit Öl, Salz, Pfeffer und Kümmel mischen, auf einem Backblech verteilen und im Ofen auf der mittleren Schiene etwa 15 Minuten rösten.

Inzwischen die Zwiebel schälen und fein würfeln. Dann mit der Pancetta in einer großen Pfanne ohne Fett anbraten. Den gerösteten Spitzkohl aus dem Ofen nehmen, zum Zwiebel-Pancetta-Mix geben und ebenfalls kurz anbraten. Die Sahne hinzufügen und alles mit 1 Prise Muskatnuss abschmecken.

Zum Servieren die frisch gegarten Schupfnudeln ebenfalls in der Pfanne kurz erwärmen. (Alternativ vorher in Butter oder Pflanzenöl anbraten.) Die Petersilie waschen, trocken tupfen und fein hacken. Die Schupfnudeln mit Spitzkohl und Pancetta auf Tellern anrichten und mit der Petersilie garnieren.

PANNFISCH MIT SENFSAUCE und warmem Gurkensalat

Für 4 Personen

Kartoffeln

1 kg gegarte festkochende Pellkartoffeln (vom Vortag)
2 rote Zwiebeln (ersatzweise Frühlingszwiebeln)
5 EL Sonnenblumenöl
2 EL Butter
Salz · Pfeffer aus der Mühle

Fisch

800 g gemischte Fischfilets (siehe Tipp)
Salz · Pfeffer aus der Mühle
5 EL Weizenmehl (Type 405)
Pflanzenöl zum Braten

Senfsauce

30 g Butter
30 g Weizenmehl (Type 405)
200 ml Milch
100 ml Gemüsebrühe
1 EL grobkörniger Senf
2 ½ EL mittelscharfer Senf
Zucker
Salz · Pfeffer aus der Mühle
frisch geriebene Muskatnuss

Gurkensalat

1 Salatgurke · ½ Bund Dill
etwas Öl · 1 TL flüssiger Honig
1 EL Aceto balsamico bianco
Salz

Die Kartoffeln pellen und in Scheiben schneiden. Die Zwiebeln schälen und in feine Ringe schneiden. Öl und Butter in einer Pfanne erhitzen und die Kartoffeln darin bei mittlerer Hitze langsam schön kross und goldbraun braten. Mit je 1 Prise Salz und Pfeffer würzen. Die Zwiebeln erst in den letzten Minuten hinzufügen.

Den Fisch waschen, ggf. entgräten, trocken tupfen und in etwa 2 cm große Würfel schneiden. Mit Salz und Pfeffer würzen. Etwas Mehl in einen Gefrierbeutel füllen und die Fischwürfel hineingeben. Den Beutel vorsichtig schütteln, sodass die Filets rundum gleichmäßig von Mehl überzogen sind. (Alternativ das Mehl auf einen Teller geben und den Fisch darin wenden.) Die mehlierten Fischstücke etwas abklopfen, dann in einer Pfanne in ausreichend Öl 2 bis 3 Minuten rundum braten. Sie sollten im Kern noch fest sowie leicht glasig sein und nicht auseinanderfallen.

Für die Senfsauce die Butter in einem Topf schmelzen. Das Mehl mit einem Schneebesen zügig einrühren, anschließend Milch und Brühe dazugießen. Alles gut verrühren und einmal kurz aufkochen. Dann die Hitze reduzieren, beide Senfsorten hinzufügen und die Sauce mit 1 Prise Zucker, Salz, Pfeffer und Muskat würzen. Die Sauce zieht durch den Senf noch an – falls sie zu dick ist, noch etwas Milch hinzufügen.

Die Gurken putzen, waschen und längs halbieren. Die Kerne mit einem Löffel herauskratzen. Die Gurkenhälften in dünne Scheiben schneiden. Den Dill waschen, trocken tupfen, die Spitzen abzupfen und fein hacken. Etwas Öl in einem Topf erhitzen und die Gurken darin leicht anschwitzen. Sie sollen nicht garen, sondern nur kurz heiß werden. Honig, Essig und 1 Prise Salz dazugeben und den Dill hinzufügen.

Zum Servieren den Pannfisch mit Kartoffeln, Gurkensalat und Senfsauce auf Tellern anrichten. Nach Belieben mit Dillspitzen garnieren.

45 Min.
★★★ einfach

Schmeckt. Mit verschiedenen Fischen.
Gut geeignet für Pannfisch sind Kabeljau, Seelachs und Steinbutt.

Das Rezept ist ein echter
Traditionsklassiker aus meiner
Wahlheimatstadt Hamburg –
deftig und einfach lecker!
Der Gurkensalat ist leicht gegart,
die Kartoffeln werden kross gebraten
und die Sauce ist herrlich sämig.

SCHLEMMERFILET À LA BORDELAISE mit Kartoffelpüree und Buttermöhrchen

Für 4 Personen

Fisch
1 Bund Petersilie
2 Stiele Liebstöckel
1 Bund Dill, 2 Schalotten
1 Knoblauchzehe
50 g Parmesan (am Stück)
25 g Panko
(ersatzweise Paniermehl)
100 g weiche Butter
Salz · Pfeffer aus der Mühle
abgeriebene Schale und
Saft von 1 Bio-Zitrone
4 Fischfilets (à ca. 150 g; z. B. Seelachs, Kabeljau oder Skrei)

Kartoffelpüree
500 g mehligkochende Kartoffeln
Salz · 100 g Butterflocken
50 ml Milch oder Sahne
frisch geriebene Muskatnuss
Pfeffer aus der Mühle

Möhrengemüse
500 g bunte Möhren, Salz
2 Handvoll Mandelblättchen
2 EL Butter
1 Bund Schnittlauch
Pfeffer aus der Mühle

Backpapier · Auflaufform
Kartoffelpresse oder -stampfer

1 Std. 10 Min.
15 Min.
★★☆ mittel

Für den Fisch den Backofen auf 175 °C Ober-/Unterhitze vorheizen. Die Kräuter waschen, trocken tupfen, die Blätter bzw. Spitzen abzupfen, festere Stiele entfernen. Einige Dillspitzen zum Garnieren beiseitelegen. Schalotten und Knoblauch schälen und fein würfeln. Den Käse in Stücke teilen. Die vorbereiteten Zutaten mit dem Panko oder dem Paniermehl im Blitzhacker oder Mixer zerkleinern. Alles mit der weichen Butter mischen und mit Salz, Pfeffer, Zitronensaft und -schale würzen, dann zwischen zwei Bögen Backpapier etwa fingerdick ausrollen und kurz kühl stellen.

Inzwischen die Fischfilets waschen, trocken tupfen und ggf. entgräten. Die Filets etwas salzen und pfeffern und nebeneinander in eine Auflaufform setzen (sie sollten die Form möglichst bis zum Rand ausfüllen). Die Kräuterbutterplatte in passende Stücke schneiden und die Filets damit vollständig belegen. Dann im Ofen auf der mittleren Schiene etwa 15 Minuten garen, bis die Oberfläche schön braun ist.

Für das Püree nebenbei die Kartoffeln schälen, waschen, halbieren und in einem Topf in Salzwasser aufkochen. Zugedeckt etwa 15 Minuten weich garen, dann abgießen und ausdampfen lassen. Anschließend durch die Kartoffelpresse drücken oder im Topf zerstampfen. Nach und nach Butter und Milch oder Sahne unterrühren, sodass eine cremige und lockere Konsistenz entsteht. Das Püree mit 1 Prise Muskatnuss, Salz und Pfeffer würzen.

Die Möhren putzen, schälen und in formschöne Stücke schneiden. In einem Topf in Salzwasser 2 bis 3 Minuten bissfest blanchieren, dann in ein Sieb abgießen, kalt abschrecken und gut abtropfen lassen. Die Mandeln in einer Pfanne ohne Fett goldbraun rösten. Die Hitze reduzieren, die Butter hinzufügen und schmelzen, Möhren dazugeben und erwärmen. Schnittlauch waschen, trocken tupfen und in feine Röllchen schneiden. Zuletzt die Möhren mit Schnittlauch und Pfeffer würzen.

Zum Servieren den Fisch aus dem Ofen nehmen und mit Püree und Buttermöhrchen auf Tellern anrichten. Mit den beiseitegelegten Dillspitzen garnieren.

Wenn es bei meiner Mama mal schnell gehen musste, gab es das berühmte Schlemmerfilet – wir Kinder haben es geliebt. Jetzt als Köchin habe ich daher versucht, diese Kindheitserinnerung mit ein paar Tricks wie Knoblauch und Panko nachzubauen ... und finde sie einfach köstlich.

KARTOFFELROLLE mit Mangold-Ricotta-Füllung

Statt in fertigen Blätterteig oder Strudelteig wird die Mangold-Ricotta-Füllung bei diesem Rezept in eine leckere Kartoffelhülle gewickelt. Das schmeckt super und geht gar nicht so schwer, wie man vielleicht denken mag.

Für 4 Personen

Kartoffelrolle
750 g mehligkochende Kartoffeln
Salz
75 g Weichweizengrieß
150 g Kartoffelstärke
2 Eier (Größe M)
frisch geriebene Muskatnuss
Pfeffer aus der Mühle
2 EL Butter
Olivenöl zum Bestreichen

Füllung
700 g Stielmangold (ersatzweise Blattspinat)
1 Knoblauchzehe
Salz · Pfeffer aus der Mühle
abgeriebene Schale von 1 Bio-Zitrone
100 g Ricotta
150 g Mandeln

Backblech · Backpapier
Kartoffelpresse oder -stampfer

20 Min.

45 Min.

mittel

vegetarisch

Die Kartoffeln schälen, waschen und würfeln. Dann in einem Topf in Salzwasser aufkochen und mit geschlossenem Deckel weich garen. Sobald die Kartoffeln gar sind, abgießen, ausdampfen und abkühlen lassen.

Für die Füllung inzwischen den Mangold putzen, gründlich waschen und in einem Topf in kochendem Wasser blanchieren. In ein Sieb abgießen, kalt abschrecken und trocken tupfen. Den Knoblauch schälen, fein würfeln und mit Salz, Pfeffer, Zitronenabrieb und Ricotta vermengen. Die Mandeln in einer Pfanne ohne Fett hell anrösten. Herausnehmen, abkühlen lassen und grob hacken. Den Backofen auf 180 °C Ober-/Unterhitze vorheizen.

Für den Kartoffelteig die Kartoffeln im Topf zerstampfen oder durch die Kartoffelpresse drücken. Dann mit Grieß, Kartoffelstärke, Eiern, Muskatnuss, Salz und Pfeffer zu einem glatten, recht festen Teig verkneten. Den Teig zu einer Kugel formen und zwischen 2 Blättern Backpapier etwa 1 cm dick ausrollen. Das obere Backpapier abziehen und den Teig mit der Ricottamasse bestreichen. Den Mangold darauf verteilen und alles mit den Mandeln bestreuen.

Die Rolle mithilfe des unteren Backpapiers vorsichtig aufrollen (Achtung, nicht das Papier mit einwickeln!) und auf ein Backblech setzen. Die Rolle mit Olivenöl bestreichen und im Ofen auf der mittleren Schiene 30 bis 45 Minuten goldbraun backen. Herausnehmen und kurz auf einem Kuchengitter abkühlen lassen.

Zum Servieren die Kartoffelrolle in Scheiben schneiden und auf Tellern anrichten.

RÖSTI
mit Matjes-Apfel-Salat

Für 4 Personen

Rösti

500 g festkochende Kartoffeln
20 g frische Petersilie
1 EL Speisestärke
1 Ei (Größe M)
Salz · Pfeffer aus der Mühle
12 EL Öl zum Ausbacken

Apfel-Matjes-Salat

8 Matjesfilets
1 Apfel
1 Salatgurke
1 rote Zwiebel
1 Bio-Zitrone
100 ml Buttermilch
1 TL scharfer Senf
3 EL Olivenöl
Salz · Pfeffer aus der Mühle

Für die Röstimasse die Kartoffeln schälen, waschen und auf der Gemüsereibe grob raspeln. Die Petersilie waschen, trocken tupfen und grob hacken. In einer Schüssel die Kartoffelraspel mit der Hälfte der Petersilie, Speisestärke, Ei, Salz und Pfeffer vermengen.

Für den Apfel-Matjes-Salat die Matjes in grobe Stücke schneiden. Den Apfel waschen, vierteln, entkernen und in dünne Spalten schneiden. Die Gurke putzen, waschen und in dünne Scheiben hobeln. Die Zwiebel schälen und in dünne Scheiben schneiden. Die Zitrone heiß waschen, abtrocknen und die Schale fein abreiben, dann die Zitrone halbieren und auspressen.

Für das Dressing in einer Salatschüssel die Buttermilch mit Senf, Zitronenschale, 1 EL Zitronensaft und Olivenöl verrühren, mit Salz und Pfeffer würzen. Matjes, Apfel, Gurke, Zwiebel und übrige Petersilie mit dem Dressing vermengen.

Für jedes Rösti in einer Pfanne 3 EL Öl erhitzen, mit einem Esslöffel kleine Röstiportionen in die Pfanne geben und leicht flach drücken. Die Rösti etwa 4 Minuten goldbraun backen, dann wenden und erneut 4 Minuten goldbraun backen. Herausnehmen und warm halten, aus dem übrigen Öl und der restlichen Röstimasse weitere Rösti backen.

Zum Servieren die Rösti mit dem Matjes-Apfel-Salat anrichten.

50 Min.
★★★ mittel

Schmeckt. Auch als Tellerrösti.
Dazu verteile ich je ¼ der Röstimasse in der gesamten Pfanne und backe so tellergroße Rösti – wie in der Schweiz auch üblich. Das Wenden ist nicht ganz einfach, spätestens bei der vierten Rösti gelingt es aber garantiert! Am einfachsten wendet man die Rösti, indem man sie auf einen Teller gleiten lässt. Anschließend die Pfanne darüberstülpen und gemeinsam wenden, dann die Rösti weiter backen.

TOAST HAWAII
mit Ananas und Serranoschinken

Hier werden Kindheitserinnerungen wach! Eine Variante des Klassikers – mit edleren Zutaten wie Sauerteigbrot und Serranoschinken.

Für 4 Personen

½ Ananas · 2 Schalotten
1 mittelscharfe Chilischote
3 EL Butter
1 EL Zucker
Salz · 1 EL Rum
4 Scheiben Sauerteigbrot (ersatzweise Toast- oder Weißbrot)
etwas Butter

Den Backofen auf 200 °C Ober-/Unterhitze vorheizen. Ein Backblech mit Backpapier belegen. Die Ananas schälen und das Fruchtfleisch in kleine Stücke schneiden. Die Schalotten schälen und fein würfeln. Die Chilischote längs halbieren, entkernen, waschen und in feine Streifen schneiden.

Die Butter in einem Topf schmelzen und Ananas, Schalotten und Chili darin farblos anschwitzen. Die Hitze reduzieren und die Ananas noch 3 bis 4 Minuten garen. Dabei den Zucker und 1 Prise Salz einstreuen. Zuletzt den Rum dazugießen und alles entzünden. (Achtung: dabei etwas zurücktreten und nicht über das Gericht beugen!)

100 g Comté (oder ein anderer kräftiger Bergkäse; in Scheiben)
4 Scheiben Serranoschinken

Backblech · Backpapier

30 Min.
5–7 Min.
einfach

Den Topf vom Herd nehmen. Die Brote im Ofen oder in einer Pfanne ohne Fett rösten und nebeneinander auf das Blech setzen. Mit Butter bestreichen und vorsichtig mit dem Ananasragout belegen. Darauf einige Scheiben Käse legen. Die Brote im Ofen auf der mittleren Schiene 5 bis 7 Minuten gratinieren, bis alle Zutaten heiß sind und der Käse geschmolzen ist.

Zum Servieren mit Schinken belegen.

TOAST HAWAII DE LUXE mit **Preiselbeeren**

Der Klassiker aus den 1950er-Jahren kommt hier in leichter Abwandlung, aber extra lecker auf den Teller: Statt einfachem Scheibenkäse nehme ich würzigen Bergkäse, der Schinken stammt aus Italien und anstelle einer Kirsche krönt Preiselbeerkonfitüre das Ganze.

Für 4 Personen

4 Scheiben Kastenweißbrot (ersatzweise Toast, Brioche oder Sauerteigbrot)
etwas Butter
4 Scheiben ital. Kochschinken
4 Scheiben frische Ananas
100 g Comté (oder ein anderer kräftiger Bergkäse; in Scheiben)
1 Beet Affilla- oder Gartenkresse
4 TL Preiselbeerkonfitüre

Backblech · Backpapier

Den Backofen auf 200 °C Ober-/Unterhitze vorheizen. Ein Backblech mit Backpapier belegen. Die Brotscheiben in einer Pfanne ohne Fett hell rösten, dann herausnehmen und mit Butter bestreichen. Die Brote nebeneinander auf das Blech setzen.

Die Brote erst mit Schinken, dann mit Ananas und zuletzt mit Käse belegen. Die Toasts im Ofen auf der mittleren Schiene etwa 10 Minuten gratinieren, bis alle Zutaten heiß sind und der Käse geschmolzen ist.

Zum Servieren die Toasts aus dem Ofen nehmen und sofort auf Tellern anrichten. Mit Kresse und Preiselbeeren garnieren.

20 Min.
10 Min.
einfach

HERRENCREME mit Vanillepudding, Sahne und Rum

Ich kenne keine bessere Cremespeise aus dem Sauerland. Über den Namen lässt sich streiten, keine Frage! Es handelt sich um Vanillepudding mit geschlagener Sahne, gehackter Zartbitterkuvertüre und Rum. Seitdem Zora diese Nachspeise probiert hat, kann sie wahrscheinlich auch nicht mehr ohne sie leben.

Für 6 Personen

Herrencreme
40 g Speisestärke
½ l Milch
4 Eigelb (Größe M)
1 Vanilleschote
80 g Zucker
Salz
200 g Sahne
4 cl Rum
100 g Zartbitterkuvertüre

Zum Servieren
etwas Schlagsahne
etwas gehackte Zartbitterkuvertüre

6 Dessertschalen oder -gläser

Für die Puddingmasse die Stärke mit etwa einem Sechstel der Milch (ca. 80 ml) in einer ausreichend großen Schüssel klümpchenfrei verrühren. Dann die Eigelbe mit einem Schneebesen unterrühren.

Die Vanilleschote längs aufschneiden und das Mark herauskratzen. Die restliche Milch mit Vanillemark und -schote, Zucker und 1 Prise Salz in einen Topf geben und darin unter Rühren aufkochen. Die Vanilleschote wieder entfernen. Etwas heiße Flüssigkeit abnehmen, zur Milch-Eigelb-Mischung geben und alles gründlich unterrühren. Dann die Milch-Eigelb-Mischung zur kochenden Milch geben und alles unter Rühren – auch am Topfboden – etwa 1 Minute zu einem Pudding köcheln lassen. Die Masse durch ein Sieb in eine Schüssel füllen, danach mit Folie abdecken, sodass sie direkt Kontakt mit der Masse hat – so bildet sich keine Haut. Abkühlen lassen.

Zum Fertigstellen die Sahne steif schlagen. Den Pudding mit einem Schneebesen nochmals glatt rühren und die Sahne mit einem Teigschaber vorsichtig unterheben, mit dem Rum abschmecken. Die Kuvertüre fein hacken und zuletzt unter die Creme ziehen.

Zum Servieren die Herrencreme auf Schalen verteilen oder noch in der Schüssel servieren. Nach Belieben mit Sahne und gehackter Zartbitterkuvertüre garnieren.

30 Min.
★★★ einfach
vegetarisch

SÜSSE SCHUPFNUDELN mit Mohn und Zwetschgenröster

Für 4 Personen

Mohnnudeln
400 g vorwiegend festkochende Kartoffeln · Salz
80 g Weizenmehl (Type 405)
20 g Hartweizengrieß
30 g Zucker und 1 EL für das Kochwasser
abgeriebene Schale von ¼ Bio-Zitrone oder -Orange
1 Ei (Größe M)
100 g gemahlener Mohn
Mehl zum Arbeiten
1 Streifen Bio-Zitronen- oder -Orangenschale
40 g Butter

Zwetschgenröster
500 g Zwetschgen
70 g Zucker
100 ml Rotwein (ersatzweise roter Traubensaft)
3 Msp. Zimtpulver
1 EL Speisestärke

Tonkasauce
300 ml Milch
10 g Speisestärke
2 Eigelb (Größe M)
200 g Sahne
½ TL geriebene Tonkabohne
40 g Zucker · Salz

Reibe oder Kartoffelpresse

1 Std.
über Nacht
★★★ mittel
vegetarisch

Für die Mohnnudeln am Vortag die Kartoffeln waschen, samt Schale in Salzwasser weich kochen. Anschließend abgießen, ausdampfen und über Nacht abkühlen lassen. Dadurch hält die Masse später besser.

Für den Zwetschgenröster am nächsten Tag die Zwetschgen waschen, halbieren und den Stein entfernen. In einem Topf den Zucker mit 30 ml Wasser bernsteinfarben karamellisieren. Wein oder Saft dazugeben, mit Zimt würzen. Alles etwa 2 Minuten einkochen. Dann die in etwas kaltem Wasser angerührte Speisestärke hinzufügen und alles bei mittlerer Hitze unter Rühren aufkochen. Die Zwetschgen untermischen und den Röster etwa 10 Minuten ziehen lassen, dann vom Herd nehmen.

Für die Tonkasauce etwa ein Viertel der Milch (75 ml) mit der Speisestärke in einer Schüssel klümpchenfrei verquirlen. Die Eigelbe hinzufügen und ebenfalls unterrühren. Sieb und Schüssel bereitstellen. Sahne, übrige Milch, Tonkabohne, Zucker und 2 Prisen Salz in einem Topf aufkochen. Die angerührte Speisestärke in die kochende Flüssigkeit geben und unter Rühren etwa 1 Minute köcheln lassen. Alles durch das Sieb in die Schüssel geben und mit Frischhaltefolie abdecken. Abkühlen lassen.

Für die Mohnnudel die Kartoffeln pellen und fein reiben oder durchdrücken. Mehl, Grieß, 2 Prisen Salz, Zucker, Zitronen- oder Orangenabrieb und das Ei zu den geriebenen Kartoffel geben und alles mit den Händen verkneten. 80 g Mohn ebenfalls untermischen. Der Teig darf nicht mehr an den Händen kleben, bei Bedarf noch Mehl dazugeben (Hände zwischendurch waschen!).

Den Teig in Stücke teilen und jedes Stück mit den Händen zu einer etwa 1 cm dicken Rolle formen. Die Rollen in 2 bis 3 cm lange Stücke schneiden und zwischen den Handflächen oder auf einem Brett zu Schnupfnudeln mit spitz zulaufenden Enden formen. Reichlich Wasser mit 4 Prisen Salz, 1 EL Zucker und Zitrusschale in einem Topf aufkochen. Die Hitze reduzieren, das Wasser soll nur leicht simmern. Die Schupfnudeln darin offen bei schwacher Hitze etwa 5 Minuten köcheln lassen, bis sie an die Oberfläche steigen.

Zum Servieren währenddessen in einer Pfanne etwas Butter zerlassen und den übrigen Mohn dazugeben. Die Schupfnudeln in der Mohnbutter kurz durchschwenken. Mit Zwetschgenröster und Tonkasauce anrichten. Das Rezept reicht als Dessert für 8 Personen.

MUTZEN
mit **Ingwer-Birnen**-Kompott

Mutzen werden im Rheinland traditionell zu Karneval frittiert, aber ich verspreche: Sie schmecken das ganze Jahr! Hier kommen sie im neuen Kostüm, mit Birnenkompott. Dazu schmeckt aber auch jede Konfitüre.

Für 10–15 Stück

Ingwer-Birnen-Kompott
2 Birnen
1 walnussgroßes Stück Ingwer
3 EL Weißwein
(ersatzweise Wasser)
20 g brauner Zucker
(ersatzweise Ahornsirup oder Agavendicksaft)

Teig
1 Bio-Zitrone
250 g Magerquark
2 Eier (Größe M)
100 g Zucker
1 Päckchen Vanillezucker
Salz
250 g Weizenmehl (Type 405)
½ TL Natron

Außerdem
1½ l Öl oder Fett zum Frittieren
Puderzucker zum Bestäuben

45 Min.
★★★ mittel
vegetarisch

Für das Kompott die Birnen vierteln, schälen, entkernen und in kleine Würfel schneiden. Den Ingwer schälen und fein reiben oder sehr fein würfeln. Die Birnen mit Wein und Zucker in einen Topf geben und mit geschlossendem Deckel bei mittlerer Hitze etwa 10 Minuten weich garen. Anschließend die Birnen im Topf mit dem Stabmixer pürieren und mit Ingwer und nach Belieben nochmals etwas Süße abschmecken.

Für den Teig die Zitrone heiß waschen, abtrocknen und ein Viertel der Schale fein abreiben. Mit Quark, Eiern, Zucker, Vanillezucker und 1 Prise Salz in eine Rührschüssel geben und alles mit den Quirlen des Handrührgeräts mischen. Das Mehl mit Natron mischen und ebenfalls hinzufügen. Alles weiter verrühren, bis ein klebriger Teig entstanden ist.

Zum Ausbacken reichlich Pflanzenöl oder Frittierfett auf etwa 170 °C (Speisethermometer!) erhitzen. Zur Kontrolle einen Holzlöffelstiel in das Fett halten. Die richtige Temperatur ist erreicht, wenn sich um das Holz herum kleine Bläschen bilden und nach oben steigen. Ein Gitter zum Abtropfen bereitstellen.

Pro Mutze 1 gehäuften EL (oder Eisportionierer) Teig in das heiße Fett geben und darin auf jeder Seite etwa 2½ Minuten goldbraun frittieren. Je nach Größe kann die Zeit variieren. Herausnehmen, auf Küchenpapier abtropfen lassen und mit viel Puderzucker bestäuben.

Zum Servieren die Mutzen mit dem Kompott anrichten, sie schmecken frisch am besten. Alternativ abkühlen lassen und einfrieren.

Schmeckt. Auch mal anders.
Wer mag, kann den Teig noch wie folgt aufpeppen: 2 Birnen vierteln, schälen, entkernen und in kleine Stücke schneiden, mit etwas Zitronensaft beträufeln und unter den Teig mischen. (Alternativ je 100 g Rosinen oder Cranberrys mit etwas Rum hinzufügen.)

WINDBEUTEL
mit **roter Grütze** und **Sahne**

Für 12–15 Stück

Windbeutel
125 ml Milch
50 g Butter
Salz
frisch geriebene Muskatnuss
150 g Weizenmehl (Type 405)
4 Eier (Größe M)

Rote Grütze
50 g Zucker
300 ml roter Fruchtsaft (ersatzweise Rotwein)
Mark von 1 Vanilleschote
Zesten von ½ Bio-Orange
2 Zimtstangen
1 Sternanis
1 Gewürznelke
30 g Speisestärke
500 g gemischte Tiefkühl-Beeren

Zum Servieren
Schlagsahne und etwas Puderzucker

Backblech · Backpapier oder -matte
optional Spritzbeutel mit großer Sterntülle

1 Std.
17–25 Min.
★★★ mittel
vegetarisch

Für die Windbeutel ein Brandteig herstellen. Den Backofen auf 200 °C Ober-/Unterhitze vorheizen. Ein Backblech mit Backpapier belegen. Milch, 125 ml Wasser, Butter, 3 Prisen Salz und 2 Prisen Muskatnuss in einem Topf aufkochen. Das Mehl sieben und in einem (!) Schwung hinzufügen. Alle Zutaten mit einem Holzlöffel zügig zu einem Ballen verrühren. Dabei den Teig immer wieder leicht auf den Topfboden drücken, bis sich dort ein weißer bis bräunlicher Belag gebildet hat.

Den Teig in eine Rührschussel geben und auf etwa 40 °C abkühlen lassen. Dann die Eier nacheinander mit den Knethaken des Handrührgeräts oder der Küchenmaschine unterrühren. Der Teig soll am Ende glänzen und zäh vom Löffel laufen.

Die Masse ggf. in einen Spritzbeutel mit großer Sterntülle füllen und damit nebeneinander 12 bis 15 Rosetten auf das Blech spritzen. (Alternativ den Teig mit 2 Esslöffeln auf das Blech setzen.) Die Teighaufen dürfen nicht zu dicht stehen, da sie sich beim Backen stark vergrößern. Das Blech auf die mittlere Schiene des vorgeheizten Backofens schieben. Anschließend die Backofentür zügig schließen und während der gesamten Backzeit nicht mehr öffnen, die Windbeutel würden sonst zusammenfallen. Die Windbeutel je nach Größe 17 bis 25 Minuten backen, falls sie zu dunkel werden, die Temperatur herunterstellen. Herausnehmen und auf einem Kuchengitter abkühlen lassen.

Für die rote Grütze den Zucker in einem großen Topf mit 30 ml Wasser bei mittlerer Hitze bernsteinfarben karamellisieren. Dabei nicht rühren, sondern den Topf schwenken – so kann der Zucker gleichmäßig karamellisieren. Das Karamell mit 250 ml Fruchtsaft ablöschen. Vanillemark (samt Schote) und restliche Gewürzen zum Sud geben und alles offen bei schwacher Hitze etwa 5 Minuten köcheln lassen.

Die Speisestärke mit dem übrigen Saft klümpchenfrei verrühren. Ganze Gewürze wieder entfernen, Sud aufkochen, die Stärkemischung hinzufügen und etwa 30 Sekunden erhitzen. Dann die gefrorenen Früchte untermischen. Die Herdplatte ausschalten und alles mit geschlossenem Deckel mindestens 30 Minuten ziehen lassen. Danach nochmals durchmengen.

Zum Servieren die Windbeutel aufschneiden und mit roter Grütze und Schlagsahne füllen. Zuletzt mit Puderzucker bestäuben.

GEDECKTER **APFELKUCHEN**

Für 1 Kuchen

Teig

200 g kalte Butter
100 g Puderzucker
5 g Zimtpulver · Salz
1 Ei (Größe M)
400 g Weizenmehl (Type 405) oder Dinkelmehl (Type 630)
5 g Backpulver
Mehl zum Arbeiten

Füllung

1½ kg säuerliche Äpfel (z. B. Boskop)
Saft von 1 Zitrone
150 g Zucker
400 ml Weißwein (ersatzweise Apfelsaft)
50 g Speisestärke
Mark von ½ Vanilleschote
2 TL Zimtpulver
optional einige Rosinen

Zum Fertigstellen

Mandelblättchen zum Garnieren
100 g Puderzucker
2 EL Zitronensaft

Springform (26–28 cm Ø)
Backpapier

2 Std.
30–120 Min.
1 Std. 12–15 Min.
mittel
vegetarisch

Für den Teig die Butter würfeln. Mit Puderzucker, Zimt und 3 Prisen Salz verkneten. Das Ei untermischen. Mehl mit Backpulver hinzufügen und alles zügig zu einem Mürbeteig verkneten. Den Teig in Frischhaltefolie wickeln und mindestens 30 Minuten (besser 2 Stunden) kühl stellen.

Für die Füllung inzwischen die Äpfel vierteln, schälen, entkernen und in sehr dünne Scheiben schneiden. Mit dem Zitronensaft beträufeln und in einer großen hitzefesten Schüssel mischen. In einem kleinen Topf den Zucker in 50 ml Wasser bei mittlerer Hitze schmelzen und goldbraun karamellisieren. Dabei die Masse nicht verrühren, sondern den Topf schwenken – so kann der Zucker gleichmäßig karamellisieren.

Den Karamell mit 350 ml Wein ablöschen und einmal kurz aufkochen, sodass er sich wieder löst. Die Stärke mit dem restlichen Wein klümpchenfrei verrühren und zur heißen Karamellmischung geben. Alles aufkochen und etwa 40 Sekunden unter Rühren durchkochen. Zuletzt Vanillemark und Zimt sowie nach Belieben einige Rosinen hinzufügen. Die Masse noch heiß über die Apfelscheiben geben und alles gründlich mischen, dann ziehen lassen.

Den Backofen auf 180 °C Umluft vorheizen. Ein Stück Backpapier auf den Boden der Springform klemmen. Ein Drittel des Teiges auf der leicht bemehlten Arbeitsfläche rund ausrollen (26–28 cm Durchmesser), den Boden der Form damit auslegen und mehrmals mit einer Gabel einstechen. Im Ofen auf der mittleren Schiene 12 bis 15 Minuten vorbacken, herausnehmen und auf einem Kuchengitter kurz abkühlen lassen.

Das zweite Teigdrittel zu einem etwa 4 cm breiten Streifen ausrollen und den Rand der Form damit auskleiden, dabei gut an den Boden andrücken. Die Apfelfüllung darin verteilen und glatt streichen.

Das letzte Teigdrittel für den Deckel dünn ausrollen und in Streifen schneiden. Die Teigstreifen gitterartig auf die Apfelmasse legen und, falls möglich, am Teigrand festdrücken. Den Kuchen im Ofen 50 bis 60 Minuten backen. Herausnehmen und auf einem Kuchengitter abkühlen lassen, dann aus der Form lösen.

Zum Fertigstellen die Mandelblättchen in einer Pfanne ohne Fett leicht rösten. Für den Zuckerguss Puderzucker und Zitronensaft verrühren und das Teiggitter damit gleichmäßig bestreichen, die Mandeln an den Rand drücken.

KALTER HUND
mit selbst gemachtem **Shortbread**

Die edle Variante eines Klassikers: Statt der Butterkekse gibt es selbst gebackenes Shortbread, statt Kokosöl und Kakao eine vollmundige Ganache.
Hier reicht eine kleine Scheibe, um alle Sinne zu befriedigen. Der Schmelz und das knusprig buttrige Shortbread ergeben himmlischen Genuss!

Für 1 Kuchen

Shortbread

125 g weiche Butter · 50 g brauner Zucker · 30 g Puderzucker
225 g Weizenmehl (Type 405)
4 Prisen Salz
Mark von ½ Vanilleschote
Mehl zum Arbeiten

Kalter Hund

150 g Butter
300 g Zartbitterkuvertüre
200 g Vollmilchkuvertüre
200 g Sahne · Öl für die Form
350 g Shortbread (siehe oben)

Optional zum Verzieren

etwas weiße Schokolade oder Vollmilchkuvertüre

Backblech · Backpapier oder -matte · Kastenform (24 cm)

60 Min.
mind. 7 Std.
20–25 Min.
mittel
vegetarisch

Für das Shortbread alle Zutaten mit den Händen zu einem Mürbeteig verkneten. Der Teig ist zu Beginn etwas krümelig – einfach so lange weiterkneten, bis er ausreichend Bindung angenommen hat. Dann zwischen 2 Lagen Backpapier flach zu einem Rechteck formen, platt drücken und im Kühlschrank mindestens 1 Stunde ruhen lassen.

Den Backofen auf 140 °C Ober-/Unterhitze vorheizen. Ein Backblech mit Backpapier oder einer Backmatte belegen. Den Teig auf der leicht bemehlten Arbeitsfläche zu einem Rechteck von 0,5 bis 0,7 cm Dicke ausrollen und in 4 x 7 cm große Rechtecke schneiden. (Falls der Teig zu hart ist, nochmals auf der Arbeitsfläche kneten.) Das Gebäck auf dem Blech verteilen und im Ofen auf der mittleren Schiene 20 bis 25 Minuten goldgelb backen. Herausnehmen und auf einem Kuchengitter vollständig abkühlen lassen.

Für den Kalten Hund Butter und beide Kuvertüren grob hacken und in einer Metallschüssel über dem heißen Wasserbad unter Rühren vorsichtig schmelzen. Die Sahne nur leicht erwärmen und unter den Butter-Kuvertüre-Mix rühren. Falls die Masse sich nicht gut verbindet, alles vorsichtig mit dem Stabmixer mischen.

Die Kastenform mit etwas Öl einfetten und mit Frischhaltefolie auskleiden. Erst etwas Schokoladenmasse in die Form geben, sodass der Boden bedeckt ist. Dann eine Schicht Kekse auf die Masse geben und leicht eindrücken. Darauf eine weitere Schicht Schokoladenmasse und weitere Kekse geben. So fortfahren, bis alle Zutaten aufgebraucht sind. Dabei sollte die letzte Schicht Gebäck sein.

Den Kalten Hund im Kühlschrank abgedeckt mindestens 6 Stunden, am besten über Nacht, fest werden lassen. Zum Servieren mithilfe der Folie vorsichtig aus der Form stürzen. Wer mag, schmilzt etwas weiße Schokolade oder Vollmilchkuvertüre und garniert damit noch.

Zum Servieren in dünne Scheiben schneiden.

ORANGENLIMONADEN-KUCHEN mit Mandarinen und Schmand

Dieser Kuchen weckt bei mir Kindheitserinnerungen. Dabei sorgt die Limonade für den typischen Geschmack und die Konsistenz des Rührteigs. Heute esse ich den Kuchen am liebsten mit einer dicken Schicht aus Zimt und Zucker obendrauf.

Für 1 Kuchen (12 Stücke)

Boden
Öl und Mehl für die Form
2 Eier (Größe M)
130 g Zucker · Salz
70 ml Pflanzenöl
150 ml Orangenlimonade
250 g Weizenmehl (Type 405) oder Dinkelmehl (Type 630)
10 g Backpulver

Creme
1 Dose Mandarinen (175 g Abtropfgewicht)
200 g kalte Sahne
30 g Vanillezucker
1 Päckchen Sahnesteif
200 g Schmand
etwas Zimt-Zucker-Mischung

Springform (26 cm Ø) · Backpapier

50 Min.
1 Std.
17–25 Min.
einfach
vegetarisch

Für den Boden den Backofen auf 180 °C Umluft vorheizen. Ein Stück Backpapier auf den Boden der Springform klemmen, so löst sich der Teigboden nach dem Backen besser. Die Ränder der Backform mit etwas Öl einfetten und mehlieren.

Eier, Zucker und 2 Prisen Salz in einer Rührschüssel mit den Quirlen des Handrührgeräts schaumig aufschlagen. Das Öl dazugeben und untermischen. Dann die Limonade hinzufügen und weiterrühren. Zuletzt das Mehl mit dem Backpulver mischen und dazugeben, alles noch etwa 1 Minute aufschlagen.

Die Masse in der Form verteilen und im Ofen auf der mittleren Schiene 17 bis 25 Minuten backen. Herausnehmen und auf einem Kuchengitter abkühlen lassen.

Für die Creme die Mandarinen in einem Sieb abtropfen lassen. Die kalte Sahne steif schlagen. Den Vanillezucker mit dem Sahnesteif mischen und einrieseln lassen. Den Schmand glatt verrühren und die Schlagsahne mit einem Teigschaber locker unterheben. Zuletzt die Mandarinen untermischen. Die Creme abschmecken, nach Belieben noch etwas Süße oder Orangenlimonade hinzufügen.

Zum Fertigstellen den vollständig ausgekühlten Kuchen vorsichtig aus der Form lösen und auf eine Kuchenplatte setzen. Die Schmandcreme auf dem Kuchen verteilen und mit Zimt und Zucker bestreuen. Vor dem Servieren den Kuchen im Kühlschrank noch etwa 1 Stunde durchziehen lassen.

FAST-FOOD-LIEBLINGE SELBST GEMACHT

Fast-Food selber machen? Das geht! Ob Fast-Food-Klassiker wie Pommes und Döner oder Trends wie Bubble-Waffeln, wir zeigen Rezepte, die sonst in der Imbissbude zu finden sind und die sich trotzdem einfach zubereiten lassen. Man weiß, was drin ist, und kann nach Lust und Laune Zutaten variieren.

Selbst gemacht schmecken sie garantiert besser, außerdem lassen sich Zutaten nach Belieben aufpeppen oder durch vegetarische oder vegane Lebensmittel ersetzen. Man braucht nur wenige Zutaten und hat zudem noch viel Spaß beim Zubereiten.

Bei uns gibt es moderne Klassiker oder Fast-Food mit Kultstatus: Wir zeigen, wie diese Gerichte wirklich einfach und superlecker selbst zubereitet werden können.

POMMES FRITES mit Käse-Chili-Sauce

Dieser Fast-Food-Klassiker ist der perfekte Snack für einen Abend mit Freunden und schmeckt frisch gekocht um Welten besser als geholt. Dazu am besten die Käsesauce schon vorbereiten und wieder aufwärmen. Die Pommes bereits im Wasserbad vorgaren und im Ofen knusprig backen, sobald alle Gäste da sind.

Für 2 Personen

Käsesauce
200 g älterer Cheddar (am Stück)
2 kleine Schalotten
1 Knoblauchzehe · 1 EL Butter
1 cl trockener Wermut (z. B. Noilly Prat)
100 ml Milch · 50 ml Gemüsebrühe
1 EL Speisestärke · Cayennepfeffer
Salz · Pfeffer aus der Mühle

Pommes
Salz
400 g festkochende Kartoffeln
Pfeffer aus der Mühle
1 Msp. edelsüßes Paprikapulver
1 EL Speisestärke
2 EL Sonnenblumenöl

Optional zum Servieren
einige eingelegte Jalapeños

Backblech · Backpapier

35 Min.
20 Min.
einfach
vegetarisch

Für die Käsesauce den Käse grob reiben. Schalotten und Knoblauch schälen, fein würfeln und in einem Topf in der Butter anschwitzen. Den Wermut dazugießen und fast vollständig einkochen lassen. Die Milch hinzufügen und alles einmal kurz aufkochen.

Die Brühe mit der Stärke klümpchenfrei verrühren, in den Topf geben und die Flüssigkeit etwas andicken lassen. Den Cheddar hinzufügen und in der Flüssigkeit unter Rühren schmelzen – die Sauce sollte am Ende schwer vom Löffel laufen. Falls nötig, noch etwas mehr Käse hinzufügen. Zuletzt mit Cayennepfeffer, Pfeffer und nach Bedarf etwas Salz abschmecken.

Für die Pommes gut gesalzenes Wasser in einem Topf zum Kochen bringen. Die Kartoffeln mit der Gemüsebürste gründlich waschen und samt Schale in daumenbreite Pommes schneiden. Die Pommes in das kochende Salzwasser geben, den Topf vom Herd ziehen und die Pommes etwa 10 Minuten im heißen Wasser ziehen lassen. Dann in ein Sieb abgießen, kalt abschrecken, abtropfen lassen und auf einem sauberen Küchentuch gut abtrocknen.

Den Backofen auf 220 °C Umluft vorheizen. Die Pommes in eine Schüssel geben und mit den Gewürzen, der Speisestärke und dem Öl gut mischen. Auf einem mit Backpapier belegten Backblech verteilen und im Ofen auf der mittleren Schiene etwa 20 Minuten backen. Dabei nach 10 Minuten einmal wenden. Herausnehmen und sofort servieren.

Zum Servieren die Pommes auf Tellern verteilen und mit der Käse-Chili-Sauce beträufeln oder diese separat zum Dippen dazu reichen. Wer mag, streut noch gehackte eingelegte Jalapeños darüber.

News

SEITAN-DÖNER mit **Zaziki** und **Salat**

Das Rezept besteht zwar aus vielen Komponenten, aber es macht Spaß, diesen Streetfood-Klassiker zum Beispiel mit Freunden selbst zu zubereiten und gemeinsam zu essen. Man kann ihn super vorbereiten – am Tisch stellt sich dann jeder seinen eigenen Döner zusammen.

Für 4 Personen

Zaziki
250 g Quark
250 g griechischer Joghurt (10 % Fett)
1 Salatgurke
3 Stiele Dill
2 Knoblauchzehen
Salz · Pfeffer aus der Mühle

Döner
¼ Rotkohl
1 rote Zwiebel
½ Salatgurke
2 Tomaten
½ Eisbergsalat
250 g dicker Seitan
Olivenöl zum Anbraten
1½ TL geräuchertes Paprikapulver
Kreuzkümmelpulver
1 TL Chiliflocken · Salz
1 Knoblauchzehe
1 großes türkisches Fladenbrot
Chilisauce zum Garnieren

optional Papiertüten zum Servieren

40 Min.
einfach
vegetarisch

Für das Zaziki Quark und Joghurt in einer Schüssel glatt verrühren. Die Gurke putzen, waschen und halbieren. Anschließend auf der Gemüsereibe grob raspeln. Den Dill waschen, trocken tupfen und fein hacken. Den Knoblauch schälen und fein würfeln oder durchpressen. Alle vorbereiteten Zutaten zum Quark-Joghurt-Mix geben und unterrühren. Mit Salz und Pfeffer würzen.

Für den Döner alle Einlagen vorbereiten und bereitstellen. Dazu den Rotkohl fein hobeln, die Zwiebel schälen und in feine Ringe schneiden. Gurke, Tomaten und Salat in mundgerechte Stücke teilen.

Den Seitan in möglichst dünne Scheiben schneiden. Etwas Olivenöl in einer Pfanne erhitzen und den Seitan darin einige Minuten leicht kross braten. Dabei mit dem geräucherten Paprikapulver, 1 Prise Kreuzkümmel, Chiliflocken und Salz würzen. Den Knoblauch schälen und dazupressen.

Zum Servieren das Fladenbrot vierteln und in jedes Viertel eine Tasche einschneiden. Die Brotviertel jeweils mit Zaziki bestreichen und mit Seitan und Gemüse füllen. Nach Belieben mit Chiliflocken und Chilisauce garnieren. Die Brottaschen leicht zusammendrücken und – falls gewünscht – in Papiertaschen setzen.

Schmeckt. Noch intensiver.
Wer mag, kann die Seitan-Scheiben vorher marinieren. Dafür den geschnittenen Seitan mit etwas Olivenöl und den Gewürzen gut mischen und etwa 30 Minuten ziehen lassen.

SANDWICH-EIS

So leicht geht Eis zu Hause: Aus Kondensmilch und Sahne entsteht ein Eis, das dem Original in nichts nachsteht. Die Waffelblätter gibt's im türkischen Supermarkt – oder man nimmt einfach Butterkekse. Die Schokoladenglasur ist für die Optik ein Muss!

Für 6–8 Stück

Waffeleis
400 g kalte Sahne
1 Dose gezuckerte Kondensmilch (400 g)
2 große Waffelblätter (z. B. aus dem türkischen Supermarkt)
Öl für die Form

Glasur
150 g Zartbitterkuvertüre
20 ml neutrales Pflanzenöl

flache Auflaufform (ca. 30 × 20 cm)

Für das Eis die kalte Sahne mit den Quirlen des Handrührgeräts steif schlagen. Die Kondensmilch in eine Rührschüssel geben und die Schlagsahne mit einem Teigschaber vorsichtig unterheben.

Die Waffelblätter in der Größe der Auflaufform zuschneiden. Die Auflaufform mit etwas Öl einfetten und mit Frischhaltefolie auskleiden. Ein Waffelblatt in die Form legen und die Sahnemasse darauf gleichmäßig verteilen. Das zweite Waffelblatt darauflegen und etwas andrücken. (Alternativ die Form erst mit der Eismasse füllen und tiefkühlen. Sobald die Masse gefroren ist, diese aus der Form lösen, die zugeschnittenen Waffelblätter andrücken und wie beschrieben fortfahren.)

Das Eis im Tiefkühlfach mindestens 4 Stunden, am besten über Nacht, gefrieren lassen. Danach herausnehmen, zügig in 6 bis 8 gleich große Rechtecke schneiden und sofort wieder ins Tiefkühlfach stellen.

Für die Glasur die Kuvertüre hacken und mit dem Öl in einer Metallschüssel über dem heißen Wasserbad unter Rühren vorsichtig schmelzen. Die Eiswaffeln jeweils auf einer Seite in die Kuvertüre tauchen oder damit bestreichen.

Vor dem Servieren nochmals kurz gefrieren, damit die Schokolade schön fest wird.

30 Min.
mind. 4 Std.
mittel
vegetarisch

BUBBLE-WAFFELN
mit **dreierlei** Saucen

Waffeln
125 g weiche Butter
100 g Zucker
Salz
3 Eier (Größe M; Zimmertemperatur)
250 g Weizenmehl (Type 405)
1 TL Backpulver
200 ml Milch
etwas Öl für das Waffeleisen

Vanillesahne
½ Vanilleschote
400 g kalte Sahne
40 g Zucker

Schokoladensauce
100 g Zartbitterkuvertüre
200 g Sahne

Salz-Karamell-Sauce
200 g Zucker
50 g Butter
100 g Sahne
Salzflocken

Bubble-Waffeleisen
Frühstückpapiertüten oder Backpapier

1 Std.

★★★ einfach

vegetarisch

Für die Waffeln weiche Butter, Zucker und 3 Prisen Salz mit den Quirlen des Handrührgeräts oder der Küchenmaschine schaumig aufschlagen. Die Eier einzeln dazugeben und unterrühren. Mehl und Backpulver mischen und ebenfalls hinzufügen. Zuletzt die Milch dazugießen und alles zu einem glatten Teig verrühren.

Das Waffeleisen erhitzen und etwas einfetten. Je nach Waffeleisen 2 bis 3 EL Teig pro Waffel in das Eisen geben. Verschließen und während der Backzeit mehrmals drehen. So kann der Teig beidseitig in die Vertiefungen laufen. Fertige Waffeln herausnehmen und sofort zu einer Tüte formen, da die dünnen Waffelbereiche sehr schnell hart werden.

Anschließend um jede Waffel eine Frühstückstüte oder ein gefaltetes Backpapier legen und sie so in einen Becher stellen. Dann nach Belieben füllen. Beispiel: Zunächst etwas Sahne und Karamell- oder Schokoladensauce oder beides in die Waffel füllen. Danach bunte Süßigkeiten oder Kekse hineingeben.

Für die Vanillesahne die Vanilleschote längs aufschneiden und das Mark herauskratzen. Die Sahne mit dem Vanillemark aufschlagen und den Zucker dabei einrieseln lassen.

Für die Schokoladensauce die Kuvertüre grob hacken und in eine Schüssel geben. Die Sahne einmal kurz aufkochen und über die Kuvertüre gießen. 1 Minute warten, dann alles von der Mitte aus so lange verrühren, bis die Schokolade vollständig geschmolzen und eine sämige Sauce entstanden ist.

Für die Salz-Karamell-Sauce in einem Topf den Zucker in 50 ml Wasser schmelzen und bernsteinfarben karamellisieren. Dabei die Masse nicht verrühren, sondern den Topf schwenken – so kann der Zucker gleichmäßig karamellisieren. Dann vom Herd nehmen und die Butter so lange unterrühren, bis sie sich mit dem Zucker verbunden hat. Die Sahne nach und nach dazugeben und ebenfalls untermischen. Zuletzt einige Prisen Salzflocken hinzufügen. Bei Zimmertemperatur abkühlen lassen. Die Sauce hält sich verschlossen bis zu 2 Wochen im Kühlschrank.

Schmeckt. Auch als klassische Waffel.
Das Rezept funktioniert und schmeckt natürlich auch aus dem klassischen Waffeleisen.

In der Küche wie im echten Leben sollte man ab und zu unbekannte Dinge ausprobieren – wie zum Beispiel diese Streetfood-Waffeln aus dem Bubble-Waffeleisen. Getoppt mit Süßigkeiten und verschiedenen Saucen ein bunter Hingucker auf jeder Kaffeetafel!

AUS ALLER WELT

In diesem Kapitel bekommt man Fernweh. Ob schwedische Fischhappen, Pad Thai, Risotto, Donuts, Tarte Tatin, mit Kochtopf und Backblech nehmen wir euch mit auf eine köstliche Weltreise. Amerika, Italien, Frankreich, Schweden oder Asien, wir lassen uns aus aller Welt inspirieren.

GEBRATENES FISCHFILET
nach **schwedischer** Art

1 Std. 15 Min.

30 Min.

★★☆ mittel

Für 4 Personen

Eingelegte Zwiebeln
2 rote Zwiebeln
2 EL Zucker · 1 TL Salz
250 ml milder Apfel- oder Weißweinessig (max. 5 % Säure)
1 EL Senfkörner
1 EL Pfefferkörner
2 Lorbeerblätter · 2 Stiele Dill

Creme und Topping
2 Stiele Dill
150 g Crème fraîche
1 TL mittelscharfer Senf
Salz · Pfeffer aus der Mühle
einige Salatblätter

Fisch
4 kleine Fischfilets (à 120–150 g; z. B. Saibling, Lachsforelle, Lachs oder Hering)
Salz · Pfeffer aus der Mühle
2 EL süßer körniger Senf
2 EL mittelscharfer Senf
50 g Roggenvollkornmehl
1 EL Paniermehl
Butterschmalz zum Ausbacken (ersatzweise Butter und Pflanzenöl)

Außerdem
4 Bagels oder Brötchen
einige Kapernäpfel oder Kapern und Bio-Zitronenzesten zum Garnieren

1 großes sterilisiertes Schraubglas (ca. 1 l Inhalt)
Kartoffelpresse oder -stampfer

Zum Einlegen die Zwiebeln schälen und in feine Ringe schneiden. In ein sterilisiertes Schraubglas füllen und etwas andrücken. 250 ml Wasser in einem Topf erhitzen, Zucker und Salz hinzufügen und darin unter Rühren auflösen. Den Topf vom Herd nehmen, den Essig dazugießen und die Gewürze hinzufügen. Die Lorbeerblätter teilen, den Dill waschen und kleiner zupfen. Beides in das Glas dazugeben. Anschließend den heißen (nicht mehr kochenden!) Sud über die Zwiebeln gießen. Das Glas verschließen und etwa 30 Minuten abkühlen lassen. Danach optional zum Durchziehen in den Kühlschrank stellen. Man kann die eingelegten Zwiebeln auch gleich nach dem Abkühlen genießen, einige Stunden oder Tage durchgezogen schmecken sie aber noch besser.

Für Creme und Topping den Dill waschen, trocken tupfen, die Spitzen abzupfen und fein hacken. Dill, Crème fraîche und Senf in einer kleinen Schüssel verrühren, mit Salz und Pfeffer würzen. Die Salatblätter putzen, waschen, trocken tupfen und in mundgerechte Stücke teilen.

Die Fischfilets waschen, trocken tupfen, halbieren und entgräten, dann salzen und pfeffern. Beide Senfsorten in einer Schüssel mischen. Das Roggenmehl mit dem Paniermehl mischen und auf einen flachen Teller streuen. Die Fischfilets erst beidseitig mit dem Senfmix bestreichen, dann im Mehlmix wenden. Das Butterschmalz in einer Pfanne erhitzen und die Filets darin rundum goldbraun braten. Je nach Dicke dauert das nur wenige Minuten. Der Fisch sollte unbedingt noch schön saftig und nicht zu trocken sein.

Zum Servieren Bagels oder Brötchen horizontal aufschneiden und mit der Creme bestreichen. Auf die Unterseiten jeweils Salatblätter und Fischfilets legen. Eingelegte Zwiebeln und Kapern hinzufügen und mit Zitronenzesten und Dillspitzen garnieren. Wer mag, gibt noch etwas Forellenkaviar dazu. Zuletzt die Oberseiten der Bagels auflegen und leicht andrücken.

Schmeckt. Auch auf Vorrat.
Eingelegte Zwiebeln sind lecker und passen als Topping zu vielen Gerichten. Man kann sie gut auch in größeren Mengen vorbereiten, denn sie halten sich im Kühlschrank mehrere Wochen.

Dieses Rezept habe ich aus meiner Zeit in Schweden mitgebracht. Die Skandinavier lieben eingelegtes Gemüse und natürlich Fisch in jeder Variation – dabei sind die Rezepte einfach und schnell zubereitet. Mein Fazit: nordisch, einfach und superlecker!

PAD THAI
Asiatische **Nudelpfanne**

Reichlich Gemüse und Kräuter wollen hier geschnippelt sein. Das thailändische Nationalgericht braucht daher etwas Vorbereitungszeit. Wenn aber erst mal alles geschnitten und das Rührei zubereitet ist, dauert das Braten in der Pfanne nur wenige Minuten.

Für 4 Personen

1 Möhre
1 Zwiebel
1/5 Weißkohl
1 rote oder gelbe Paprikaschote
1 Frühlingszwiebel
100 g Shiitakepilze oder Champignons
1 Knoblauchzehe
50 g geröstete Erdnusskerne
1 Chilischote
½ Bund Koriandergrün
1½ EL Tamarindenpaste
1 EL brauner Zucker
75 ml Sojasauce
20 ml Fischsauce
4 Eier (Größe M)
Pflanzenöl
Salz · Pfeffer aus der Mühle
250 g breite Reisbandnudeln
3 EL geröstetes Sesamöl
Bio-Limettenviertel zum Servieren

45 Min.

★★★ einfach

Vorbereitung Möhre und Zwiebel schälen. Vom Kohl die äußeren Blätter und den harten Strunk entfernen. Paprika halbieren, entkernen und waschen. Frühlingszwiebel putzen und waschen. Das Gemüse in feine Streifen oder dünne Ringe schneiden. Pilze putzen, falls nötig, trocken abreiben und ebenfalls in Streifen schneiden. (Bei Shiitake vorher die Stiele entfernen!) Knoblauch schälen und durchpressen. Erdnüsse grob hacken. Chili halbieren, entkernen, waschen und fein hacken. Koriandergrün waschen, trocken tupfen und die unteren Stielansätze abschneiden. Einige Blätter zum Garnieren beiseitelegen, den Rest grob hacken. Die Tamarindenpaste in einer Schüssel mit etwas Wasser, Zucker und Sojasauce verrühren. Übrige Sojasauce mit Fischsauce, Chili und gehackten Korianderblättern zu einem Dip mischen.

Die Eier verquirlen. Etwas Pflanzenöl in einer Pfanne erhitzen und die Eier darin zu Rühreiern braten, dabei leicht salzen und pfeffern. Die Reisnudeln in reichlich kochendem Salzwasser nach Packungsanweisung wenige Minuten einweichen oder kurz bissfest garen. Danach in ein Sieb abgießen, kalt abschrecken und tropfnass beiseitestellen. (Achtung, die Nudeln unbedingt erst kurz vor dem Braten vorgaren bzw. einweichen. Sie werden sonst zu weich und matschig!)

Zum Fertigstellen etwas Sesamöl in einer großen Pfanne erhitzen und Möhre, Zwiebel und Kohl darin anbraten. Nach und nach Paprika, Frühlingszwiebel, Pilze und Knoblauch dazugeben und alles unter Rühren bissfest garen. In einer weiteren Pfanne das übrige Sesamöl erhitzen, die Nudeln nochmals kurz abtropfen lassen und darin wenden. Gebratenes Gemüse und Rührei hinzufügen. Die aufgelöste Tamarindenpaste unterrühren und alles mit Pfeffer, Soja- oder Fischsauce abschmecken.

Zum Servieren das Pad Thai auf Teller geben, mit Erdnüssen bestreuen und mit beiseitegelegtem Koriander und Limettenvierteln garnieren. Den Dip separat dazu reichen. Wer mag, kann außerdem gebratene Garnelen, Fleisch oder Tofu dazu reichen.

Tajine heißt nicht nur das Gericht, sondern auch der traditionelle Tontopf aus der marokkanischen Küche, in dem es sanft gart. Alternativ geht auch ein Schmortopf mit Deckel – er ist zudem unkomplizierter in der Handhabung.

LAMM-TAJINE MIT GEMÜSE, Backpflaumen und Mandeln

Für 4 Personen

Tajine

2 Knoblauchzehen
1 walnussgroßes Stück Ingwer
1 Stängel Zitronengras
½ TL Kardamompulver
1 TL Kreuzkümmelpulver
1 TL Korianderpulver
1 TL rosenscharfes Paprikapulver
Salz · Pfeffer aus der Mühle
4 EL Olivenöl
800 g Lammschulter oder -hüfte
1 Bund Suppengemüse
2 Zwiebeln · 600 g Kartoffeln
2 rote Zwiebeln · 2 Möhren
Pflanzenöl zum Braten
1 Zimtstange
3 Scheiben Bio-Zitrone
6 Backpflaumen
100 g Mandeln

Safran-Couscous

400 g Couscous
einige Safranfäden
½ TL Salz · ½ Bund Petersilie
½ Bund Koriandergrün

Tajine oder Schmortopf mit Deckel

1 Std.
mind. 1 Std.
2 Std.
einfach

Für die Fleischmarinade den Knoblauch schälen und fein würfeln. Ingwer schälen und mit der Hälfte des Zitronengrases fein reiben. Aus Knoblauch, Ingwer, Zitronengras, Kardamom, Kreuzkümmel, Koriander, Paprikapulver, Salz, Pfeffer und Olivenöl eine Marinade herstellen. Das Lammfleisch in größere Würfel schneiden, mit der Marinade mischen und im Kühlschrank abgedeckt mindestens 1 Stunde marinieren.

Für die Brühe inzwischen Suppengemüse und Zwiebeln putzen, waschen bzw. schälen und in walnussgroße Stücke schneiden (Schale darf gerne am Gemüse, auch an der Zwiebel, bleiben, lediglich die Strünke entfernen). Das Gemüse in einem Topf mit kaltem Wasser bedeckt aufkochen und mit geschlossendem Deckel etwa 30 Minuten sieden lassen. Wer mag, kann noch 1 Lorbeerblatt und andere Gewürze hinzufügen. Danach leicht salzen und vom Herd nehmen.

Zum Fertigstellen der Tajine die Kartoffeln schälen und in Spalten schneiden. Die roten Zwiebeln schälen und fein würfeln. Den Tajine-Boden mit Öl bedecken und die Kartoffelspalten hineinlegen. Mit den Zwiebelwürfeln bedecken und das marinierte Lamm samt Gewürzen darauflegen. 500 ml Brühe (Rest anderweitig verwenden) angießen und Zimtstange sowie Zitronenscheiben hinzufügen. Die Backpflaumen sowie die Mandeln ebenfalls daraufgeben. Mit geschlossenem Deckel bei mittlerer Hitze etwa 2 Stunden leicht köcheln lassen (Zeit je nach Fleischqualität).

Für den Safran-Couscous den Couscous nach Packungsanweisung mit heißer Flüssigkeit übergießen und quellen lassen. Dabei etwas Safran und das Salz unterheben. Die Kräuter waschen, trocken schütteln, fein hacken und mit dem Couscous vermengen.

Zum Servieren die Tajine auf den Tisch stellen, sodass sich jeder selbst nehmen kann. Den Couscous dazu reichen, Fladenbrot passt ebenfalls.

Schmeckt. Auch mit fertiger Brühe.
Wenn es schneller gehen muss, nehmt gute Fertigbrühe aus dem Glas oder die selbst gemachte Paste von der Suppe auf Seite 44.

BANOFFEE IM GLAS

Die Kondensmilch zu karamellisieren bedeutet etwas Aufwand, aber es lohnt sich. Dieses Dessert macht süchtig. Zora und ich haben nach der Sendung die Schüssel (fast) allein leer gemacht. Anstatt in acht kleinen Gläsern könnt ihr das Banoffee auch in einem großen Dessertglas anrichten.

Für 6–8 Personen

1 Dose gezuckerte Kondensmilch (ca. 400 g)
50 g Butter
150 g Hafer- oder Butterkekse
400 g Sahne
30 g Zucker
200 g Crème fraîche
3 Bananen
etwas Zitronensaft
1 TL Kakaopulver

8 Dessertgläser oder 1 große Dessertschale

30 Min.

mind. 6 Std.

2 Std. 30 Min.

einfach

vegetarisch

Für die Creme in einem Topf ausreichend Wasser aufkochen und die ungeöffnete (!) Kondensmilchdose hineinsetzen – sie soll vollständig von Wasser bedeckt sein. Die Hitze reduzieren und die Dose mit geschlossenem Deckel etwa 2,5 Stunden köcheln lassen. Falls nötig, heißes Wasser nachschütten. Anschließend die Dose herausnehmen und vollständig abkühlen lassen. Geöffnet hält die Creme anschließend im Kühlschrank noch einige Tage.

Für die Streusel die Butter in einem Topf zerlassen. Die Kekse in einem Gefrierbeutel oder im Mixer fein zerbröseln, zur flüssigen Butter geben und untermischen. Gut 1 EL zum Garnieren abnehmen und beiseitestellen. Restliche Streusel auf 8 Dessertgläser oder 1 große Dessertschale verteilen.

Zum Fertigstellen der Creme die Sahne mit dem Zucker aufschlagen. Die Crème fraîche glatt rühren und die Schlagsahne mit einem Teigschaber locker unterheben.

Die Bananen schälen und in Scheiben schneiden. Sofort mit Zitronensaft beträufeln, damit sie sich nicht bräunlich verfärben.

Zum Fertigstellen etwas Sahnecreme in jedes Glas geben. Die Kondensmilchdose öffnen und etwa zwei Drittel (Rest anderweitig verwenden, siehe Tipp) auf der Sahne in den Gläschen verteilen, ggf. glatt streichen. Dann die Bananenscheiben daraufsetzen. Nach Wunsch einige Bananenscheiben für die Garnitur aufbewahren. Die restliche Sahnecreme daraufgeben und ebenfalls glatt streichen.

Zum Servieren mit Kakaopulver, beiseitegestellten Streuseln und nach Wunsch noch mehr Bananenscheiben garnieren.

Schmeckt. Auch die Reste.
Der Rest der eingekochten Kondensmilch schmeckt sehr gut zu Vanilleeis. Am besten vorher 1 Prise Fleur de sel zu der Creme geben.

Theresa

ITALIEN

Wir machen Kurzurlaub in Italien – Sonne, gutes Essen und Dolce Vita! Das Geheimnis der italienischen Küche: wenige gute Zutaten und einfache Zubereitungsweisen. Wenn man diese Grundlage verstanden hat, gibt es unendlich viele Möglichkeiten, tolle Gerichte zu kreieren. Zora nutzt zum Beispiel anstatt der Pinienkerne preisgünstigere Hasel- oder Walnüsse für Pesto aller Art.

Theresa verleiht dem Dessertklassiker Tiramisu eine besonders sommerliche Note durch Lemon-Curd. Zum Schluss gibt es noch Espresso und sizilianisches Mandelgebäck: Paste di Mandorla. Buon appetito!

RISOTTO mit **geschmorter** Lammkeule

Für 4 Personen

Lammkeule

1 Bund Suppengemüse
3 Schalotten
1 Knolle Knoblauch
10 Cocktailtomaten
2 Stück Lammhüfte (à ca. 250 g)
Salz · Pfeffer aus der Mühle
Olivenöl
1 EL Tomatenmark
500 ml trockener Rotwein
500 ml Gemüsebrühe (ersatzweise Hühnerbrühe)
1 Zweig Rosmarin
50 g dunkle Oliven (am besten Kalamata)

Risotto

2 Schalotten
1 Knoblauchzehe
3 EL Olivenöl
400 g Risottoreis
125 ml Weißwein
1 l warme Gemüsebrühe
1 Handvoll geriebener Parmesan
50 g kalte Butter
200 g gemischte Pilze (z. B. Austern-, Shiitakepilze oder Champignons)
Salz · Pfeffer aus der Mühle

1 Std.

40–50 Min.

★★★ einfach

Für die Lammkeule Suppengemüse und Schalotten putzen, waschen bzw. schälen und in grobe Stücke oder Scheiben schneiden. Die Knoblauchknolle halbieren. Die Tomaten waschen. Das Fleisch waschen, trocken tupfen und leicht salzen und pfeffern.

Etwas Olivenöl in einem Schmortopf erhitzen und das Fleisch darin rundum anbraten, dann herausnehmen. Gemüse, Schalotten und Knoblauch in den Topf geben und ebenfalls anbraten. Das Tomatenmark unterrühren und kurz mitrösten. Alles mit Rotwein ablöschen und das Fleisch wieder in den Topf geben. So viel Brühe dazugießen, dass das Fleisch etwa zur Hälfte davon bedeckt ist. Tomaten und Rosmarin dazugeben und alles mit geschlossenem Deckel bei schwacher Hitze 45 bis 50 Minuten schmoren.

Etwa 10 Minuten vor Ende der Garzeit die Oliven hinzufügen. Den Fond nach Bedarf offen noch etwas einkochen, dann alles mit Salz und Pfeffer abschmecken.

Für das Risotto währenddessen Schalotten und Knoblauch schälen und fein würfeln. Etwas Olivenöl in einer hohen Pfanne oder einem breiten Topf erhitzen und Schalotten und Knoblauch darin farblos anschwitzen. Den Reis dazugeben und ebenfalls kurz mit anschwitzen. Den Wein hinzufügen, alles verrühren und einkochen, bis die Flüssigkeit fast vollständig verdampft ist. Anschließend 1 Kelle warme Brühe dazugeben, erneut verrühren und einkochen. Den Vorgang so oft wiederholen, bis die Brühe aufgebraucht ist und die Risottokörner bissfest sind. Das dauert 20 bis 25 Minuten. Zuletzt den Parmesan dazugeben und die kalte Butter in Flocken unterheben.

Die Pilze putzen, falls nötig, trocken abreiben und grob zerkleinern. Das übrige Öl in einer Pfanne erhitzen und die Pilze darin scharf anbraten. Erst salzen und pfeffern, wenn sie schon Farbe bekommen haben.

Zum Servieren das Fleisch aus dem Topf nehmen und in Scheiben schneiden. Das Risotto auf tiefen Tellern verteilen und mit Pilzen, Lammhüfte und dem Schmorgemüse servieren.

Der italienische Klassiker ist ein Geschenk für das Herz und für die Seele. Das Schmoren braucht zwar etwas Zeit, aber wie lautet das Sprichwort? „Was gut wird, braucht bekanntlich Weile.“

HASELNUSS-PETERSILIEN-PESTO

Für 4 Personen

1 Bund Basilikum
1 Bund Petersilie
1 Knoblauchzehe
100 g Parmesan (am Stück)
100 g Haselnusskerne
200 ml Olivenöl
Salz · Pfeffer aus der Mühle
etwas Chilipulver

20 Min.

Für das Pesto Basilikum und Petersilie waschen, trocken tupfen, die Blätter abzupfen, die weichen Stiele in grobe Stücke zupfen. Den Knoblauch schälen. Den Parmesan reiben. Die Nüsse in einer Pfanne ohne Fett kurz rösten, herausnehmen und abkühlen lassen.

Alle Zutaten im Mixer oder in einem hohen Rührbecher mit dem Stabmixer zu einem Pesto verarbeiten. Falls nötig, noch etwas Olivenöl dazugeben.

Zum Servieren das Pesto mit frisch gekochter Pasta mischen und nach Belieben mit gehackten Haselnüssen und Parmesan garnieren.

PAPRIKA-PESTO

Für 4 Personen

2 rote Paprikaschoten
1 Knoblauchzehe
3 Zweige Majoran
100 g Parmesan (am Stück)
50 g Sonnenblumenkerne
4 EL Olivenöl
1 EL Aceto balsamico bianco
1 Spritzer Zitronensaft
Salz · Pfeffer aus der Mühle
etwas Chilipulver

30 Min.

Für das Pesto die Paprika rösten (siehe Seite 191), die Haut abziehen und die Paprika in grobe Stücke schneiden. Den Knoblauch schälen. Den Majoran waschen, trocken tupfen und die Blätter abzupfen. Den Parmesan reiben. Die Sonnenblumenkerne in einer Pfanne ohne Fett hell rösten, herausnehmen und abkühlen lassen.

Alle vorbereiteten Zutaten mit Olivenöl, Essig und Zitronensaft im Mixer geschmeidig verarbeiten. (Alternativ in einem hohen Rührbecher mit dem Stabmixer arbeiten.) Falls nötig, noch etwas Öl dazugeben. Das Pesto mit Salz, Pfeffer und Chili nach Belieben abschmecken.

Zum Servieren das Pesto mit frisch gekochter Pasta mischen. Wer mag, garniert die Nudeln mit gebratenen Paprika- und Knoblauchscheiben und Parmesan.

STEINPILZ-RICOTTA-PESTO

Für 4 Personen

50 g Walnusskerne
30 g getr. Steinpilze
1 Knoblauchzehe
50 g Parmesan (am Stück)
2 Zweige Thymian
100 g Ricotta
6 EL Olivenöl
Salz · Pfeffer aus der Mühle

Für das Pesto die Walnüsse auf einem Blech im auf 180 °C Ober-/Unterhitze vorgeheizten Backofen wenige Minuten hell rösten. Herausnehmen und abkühlen lassen. Die Pilze in einer Schüssel mit kochendem Wasser bedecken und etwa 30 Minuten einweichen. Anschließend in ein Sieb abgießen, abtropfen lassen und grob schneiden. Dabei darauf achten, dass sie nicht mehr sandig sind, ggf. nochmals abbrausen. Das Einweichwasser aufheben und durch ein feines Sieb gießen. Knoblauch schälen. Parmesan reiben. Thymian waschen, trocken tupfen und die Blätter abzupfen.

Alle vorbereiteten Zutaten mit Ricotta, Olivenöl und etwa 2 EL Pilzeinweichwasser im Mixer oder in einem hohen Rührbecher mit dem Stabmixer pürieren, salzen und pfeffern. Nach Belieben die Konsistenz durch mehr Einweichwasser oder Olivenöl verändern.

Zum Servieren das Pesto mit frisch gekochter Pasta mischen und nach Belieben mit Parmesan garnieren.

40 Min.
★★☆ mittel
vegetarisch

Schmeckt. Auch auf Vorrat.
Die Pestos kann man in Gläser füllen und 1 Woche im Kühlschrank lagern. Dafür die Oberfläche mit Olivenöl bedecken.

ZITRONEN-TIRAMISU mit **selbst** gemachtem **Lemon Curd**

Sommer in der Auflaufform! Das Lemon Curd ohne Ei ist unkompliziert herzustellen und schmeckt herrlich erfrischend. In Orangensaft getränkte Löffelbiskuits verbinden sich mit Creme und Lemon Curd. Falls möglich, vor dem Servieren einige Stunden kühl durchziehen lassen – so schmeckt es am leckersten!

Für 4 Personen

Mascarponecreme
200 g Sahne · 50 g Zucker
500 g Mascarpone (ersatzweise Quark)
abgeriebene Schale von ½ Bio-Zitrone

Lemon Curd
20 g Speisestärke
150 ml Zitronensaft (von ca. 3 Zitronen)
130 g Zucker · 100 g Sahne
50 g weiche Butter

Außerdem
250 g Löffelbiskuits
80 ml Orangensaft (ersatzweise Mandellikör oder Limoncello)
einige Minzblätter oder gehackte Pistazienkerne zum Garnieren

Auflaufform (ca. 35 × 25 cm)

1 Std.
mind. 4 Std.
einfach
vegetarisch

Für die Mascarponecreme die Sahne mit dem Zucker steif schlagen. Den Mascarpone in eine Schüssel geben und glatt rühren. Dann die Schlagsahne mit einem Teigschaber vorsichtig unter den Mascarpone heben. Die Masse mit Zitronenschale abschmecken und, falls nötig, noch etwas nachsüßen.

Für das Lemon Curd ein Sieb und eine Schüssel bereitstellen. Die Stärke mit 30 ml kaltem Wasser klümpchenfrei verrühren. Den Zitronensaft mit dem Zucker in einen kleinen Topf geben und aufkochen. Die Sahne hinzufügen und alles nochmals kurz aufkochen. Das Stärkegemisch dazugeben und alles unter Rühren bei mittlerer Hitze etwa 40 Sekunden köcheln lassen.

Dann die Masse durch das Sieb in die Schüssel gießen und etwa 5 Minuten lauwarm abkühlen lassen. Zuletzt die Butter in Flocken nach und nach unter die Masse rühren. Alles zu einer homogenen Masse mischen und noch lauwarm und flüssig weiterverarbeiten.

Zum Fertigstellen die Zutaten wie folgt in die Auflaufform schichten: Erst die Hälfte der Löffelbiskuits kurz in Orangensaft tränken und den Boden der Auflaufform damit auslegen. Dann gut ein Drittel Lemon Curd aufstreichen. Darauf die Hälfte der Mascarponecreme geben und glatt streichen. Eine weitere Lage getunkte Löffelbiskuits darauflegen. Wieder mit Lemon Curd und Creme bestreichen. Mit dem übrigen Lemon Curd abschließen und das Tiramisu mindestens 4 Stunden kühl stellen.

Zum Servieren das Tiramisu mit Minze oder Pistazien garnieren.

SIZILIANISCHE MANDELKEKSE
Pasta di mandorla

Das Mandelgebäck erinnert schon mit dem ersten Bissen an Italien. Ob mit Amarenakirschen oder Mandeln garniert, mit Orangenabrieb oder etwas Kaffee aromatisiert – das italienische Gebäck ist schnell herzustellen und lässt sich luftdicht verpackt einige Tage aufbewahren.

Für 25–30 Stück

250 g gemahlene Mandeln
150 g Zucker
Salz
2 Tropfen Bittermandelaroma
optional etwas abgeriebene Bio-Orangenschale, Orangenblütenwasser oder Instant-Kaffeepulver
1 EL flüssiger Honig
2 Eiweiß
70 g Puderzucker
optional Amarenakirschen oder ganze Mandeln zum Garnieren

Backblech · Backpapier oder -matte

1 Std.

30 Min.

12–15 Min.

einfach

vegetarisch

Für den Teig Mandeln, Zucker, 3 Prisen Salz und Bittermandel-Aroma in eine Ruhrschussel geben und mischen. Wer mag, gibt noch weitere Aromen dazu, zum Beispiel etwas Orangenschale, Orangenblütenwasser oder Instant-Kaffee-Pulver.

Anschließend Honig und Eiweiß hinzufügen und alle Zutaten mit einem Kochlöffel zu einem Teig verrühren. Den Teig im Kühlschrank abgedeckt etwa 30 Minuten ruhen lassen.

Den Backofen auf 170 bis 180 °C Umluft vorheizen. Ein Backblech mit Backpapier oder einer Backmatte belegen. Den Puderzucker auf einen großen Teller geben. Vom Teig mit einem Esslöffel Portionen (à 20–30 g) abstechen und jede mit angefeuchteten Händen rund formen. Anschließend im Puderzucker wälzen.

Die Teigkugeln mit etwas Abstand auf dem Blech verteilen und leicht flach drücken. Wer mag, kann noch jeweils 1 Amarenakirsche oder Mandel auf jeden Teigball drücken.

Die Kekse im Ofen auf der mittleren Schiene 12 bis 15 Minuten backen. Herausnehmen und auf einem Kuchengitter vollständig abkühlen lassen.

Zum Aufbewahren in einem luftdichten Behälter lagern. So sind die Kekse einige Tage haltbar.

Schmeckt. Gemahlen oder ungemahlen. Wer ungehäutete gemahlene Mandeln benutzt, erhält dunklere Kekse. Weil die dunkle Haut mit gemahlen wurde, schmecken diese Mandeln etwas intensiver.

FRANKREICH

Dieses Land hat ein eigenes Unterkapitel verdient: Für alle, die feine Küche, Gebäck und Desserts lieben, ist Frankreich ein wahres Paradies.

Und man muss kein Profi sein, um sich an die französische Küche zu wagen. Die hat nämlich nicht nur Haute Cuisine zu bieten, sondern zahlreiche Klassiker, die ebenso fein wie unkompliziert sind. Bei uns stehen Gerichte auf dem Menü, die sich ganz einfach zu Hause nachmachen lassen. Eine einfache Version der berühmten Bouillabaisse zum Beispiel, diese Fischsuppe ist in nur 40 Minuten fertig. Oder Zoras Interpretation eines Flammkuchens mit Brie, Pfirsichen und Pekannüssen. Und natürlich dürfen Crêpes Suzette, Crème brûlée, Tarte Tatin und Co. nicht fehlen. Allez, cuisinons français!
Bon appétit!

BOUILLABAISSE

Die berühmte Fischsuppe aus Südfrankreich (Provence) hat eine lange Tradition. Feste Zutaten sind Fische, Muscheln und Garnelen, in einer Brühe auf Tomatenbasis und Gewürze wie Safran und Anis. Beim Gemüse lässt sich variieren, ebenso bei den Beilagen wie Baguette oder Rouille, einer mit Knoblauch und Safran verfeinerten Mayonnaise.

Für 4 Personen

1 Gemüsezwiebel
3 Knoblauchzehen
2 Möhren
1 Stange Lauch
1 Fenchelknolle
3 EL Olivenöl
2 EL Tomatenmark
1 Sternanis
10 cl Wermut (z. B. Noilly Prat)
1 l Fischfond
2 Lorbeerblätter
1 EL Fenchelsamen
1 g Safranfäden
Salz · Pfeffer aus der Mühle
Zucker
300 g Venusmuscheln
300 g Kabeljaufilets
300 g Garnelen (ohne Kopf, geschält und entdarmt)
1 Baguette

Für die Bouillabaisse Zwiebel und Knoblauch schälen und in feine Würfel schneiden. Die Möhren putzen, schälen und klein würfeln. Lauch und Fenchel putzen, waschen und in dünne Streifen schneiden.

In einem großen Topf das Olivenöl erhitzen und Zwiebel und Knoblauch darin etwa 3 Minuten glasig andünsten. Tomatenmark und Anis dazugeben und alles etwa 2 Minuten mitrösten. Den Wermut dazugießen und einköcheln, bis die Flüssigkeit fast völlig verdampft ist.

Anschließend Möhren, Lauch und Fenchel hinzufügen und etwa 4 Minuten anbraten. Den Ansatz mit Fischfond auffüllen und Lorbeer, Fenchelsamen und Safran dazugeben. Die Suppe mit Salz, Pfeffer und 1 Prise Zucker würzen und alles offen bei schwacher Hitze noch 15 bis 20 Minuten leicht köcheln lassen.

Währenddessen die Muscheln unter fließendem kaltem Wasser gründlich säubern. Dabei beschädigte oder bereits geöffnete Muscheln aussortieren. Den Kabeljau waschen, trocken tupfen und grob würfeln. Die Garnelen längs halbieren, waschen und trocken tupfen.

Die Suppe nochmals abschmecken und die Lorbeerblätter wieder entfernen. Muscheln, Kabeljau und Garnelen in den Topf geben und alles mit geschlossenem Deckel bei schwacher Hitze noch etwa 10 Minuten garen. Dabei nicht zu stark in der Suppe rühren.

Zum Servieren das Baguette in Scheiben schneiden. Die Bouillabaisse auf tiefe Teller oder Schalen verteilen und mit dem Brot servieren.

50 Min.
15–20 Min.
★★☆ mittel

Schmeckt. Auch mal anders.
Statt Fischfond lässt sich genauso Gemüsefond verwenden. Diesen kann man auch ganz einfach aus Gemüseresten kochen.

FLAMMKUCHEN mit Brie, Pfirsichen und Pekannüssen

Flammkuchen ist superbeliebt und noch dazu supervariabel. Der Teig ist ruck, zuck geknetet und lässt sich ganz nach Geschmack bunt belegen: Ich verrate hier mit Brie und Pfirsichen meine würzig-fruchtige Lieblingsvariante. Der Fantasie sind allerdings keine Grenzen gesetzt!

Für 4–6 Flammkuchen

Teig
500 g Weizenmehl (Type 405)
Salz

Belag
200 g Schmand
Salz · Pfeffer aus der Mühle
200 g Brie
2 Pfirsiche
200 g Bergkäse (am Stück)
4 Zweige Rosmarin
Mehl zum Arbeiten
150 g Pekannusskerne
3 EL flüssiger Honig

Optional zum Servieren
2 Zweige Rosmarin

2 Backbleche · Backpapier

45 Min.

30 Min.

2 × 20 Min.

★★★ mittel

vegetarisch

Für den Teig das Mehl mit etwa 220 ml Wasser und Salz zu einem festen Teig verkneten. Den Teig zur Kugel formen, in Frischhaltefolie wickeln und im Kühlschrank etwa 30 Minuten ruhen lassen.

Für den Belag inzwischen den Schmand, Salz und Pfeffer vermengen. Den Brie in dünne Scheiben schneiden. Die Pfirsische waschen, vierteln, den Stein entfernen und die Viertel in dünne Scheiben schneiden. Den Bergkäse reiben. Den Rosmarin waschen, trocken tupfen, die Nadeln abzupfen und fein hacken. Den Backofen auf 200 °C Ober-/ Unterhitze vorheizen. 2 Backbleche mit Backpapier belegen.

Zum Belegen den Teig vierteln oder sechsteln und jedes Teigstück auf der leicht bemehlten Arbeitsfläche dünn ausrollen. Je 2 oder 3 Flammkuchen nebeneinander auf die Bleche setzen. Die Flammkuchenböden mit dem Schmandmix bestreichen. Mit Brie, Pfirsichen und Pekannüssen (etwas in der Hand zerdrücken) belegen und mit Bergkäse und Rosmarin bestreuen.

Jeweils etwas Honig darüberträufeln und die Bleche mit den Flammkuchen nacheinander im Ofen auf der mittleren Schiene jeweils 15 bis 20 Minuten backen.

Zum Servieren die Flammkuchen aus dem Ofen nehmen und auf Tellern anrichten, inzwischen das zweite Blech backen. Wer mag, kann die Flammkuchen mit etwas frisch gezupftem Rosmarin garnieren.

Schmeckt. Auch mal anders.
Ein Teig aus Dinkelmehl (Type 630) schmeckt genauso super. Statt Pfirsichen passen auch Birnen oder Datteln.

CRÊPES SUZETTE

Ein Dessert zum Beeindrucken! Nicht nur geschmacklich, wenn man offenes Feuer am Küchentisch mag. Crêpes, Karamell, Orangenfilets und Vanilleeis, was für eine Kombination! Von Zora habe ich gelernt: Die Crêpes sollten möglichst blass gebacken werden.

Für 4–6 Personen

Crêpeteig
30 g Butter
125 g Weizenmehl (Type 405)
¼ l Milch
15 g Zucker
2 Eier (Größe M)
Salz
Butter zum Ausbacken

Orangenkaramell
4 Bio-Orangen
50 g Zucker
40 g Butter
3–4 EL Orangenlikör
(z. B. Grand Marnier)

Zum Servieren
Vanilleeis

45 Min.
30 Min.
★★★ mittel
vegetarisch

Für den Crêpeteig die Butter in einem Topf schmelzen. Das Mehl in einer Rührschüssel mit der Milch klümpchenfrei verrühren und Zucker, Eier und 3 Prisen Salz dazugeben. Die flüssige Butter ebenfalls unterrühren und den Teig etwa 30 Minuten ruhen lassen.

Für den Orangenkaramell die Orangen heiß waschen, abtrocknen und die Zesten abziehen. Dazu einen Zestenreißer benutzen oder mit einem Sparschäler 3 bis 4 Streifen Schale schälen, ohne dabei die bittere weiße Haut unter der Schale mitzunehmen, und die Schale in feine Streifen schneiden.

Anschließend zum Filettieren der Orangen mit einem scharfen Messer die restliche Schale inklusive der weißen Schicht abschneiden, dann die Orangenfilets zwischen den einzelnen Trennhäuten herausschneiden. Dabei den austretenden Saft auffangen und den Rest der Orangen gut ausdrücken.

Den Zucker mit 20 ml Wasser in einer Pfanne schmelzen und bernsteinfarben karamellisieren. Dabei die Masse nicht verrühren, sondern den Topf schwenken – so kann der Zucker gleichmäßig karamellisieren. Die Butter dazugeben und schmelzen. Orangenzesten und -saft sowie 1 EL Likör hinzufügen. Alles noch etwa 2 Minuten köcheln lassen.

Für die Crêpes aus dem Teig in einer weiteren Pfanne in etwas Butter dünne, helle Crêpes ausbacken. Herausnehmen und auf einem Teller stapeln.

Zum Flambieren den Orangenkaramell nochmals erwärmen. Jeden Crêpe zweimal falten, in den Orangenkaramell geben und darin fast bis zum Köcheln erhitzen. Dann 1 bis 2 EL Likör darübergießen und anzünden. (Achtung: Beim Flambieren etwas zurücktreten und nicht über das Gericht beugen!)

Zum Servieren die Crêpes noch warm mit Orangenfilets, etwas Orangenkaramell und Vanilleeis anrichten.

CRÈME BRÛLÉE

Nicht nur in Frankreich ist sie auf fast jeder Speisekarte zu sehen. Die Crème brûlée – gebrannte Creme – ist ein echter Klassiker und mit ihrer knusprigen Zuckerkruste einfach unwiderstehlich. Durch die Zugabe von verschiedenen Gewürzen ist sie auch noch unglaublich wandelbar.

Für 4–6 Personen

1 Vanilleschote
400 g Sahne
200 ml Milch
6 Eigelbe (Größe M)
80 g Zucker
Salz
4–6 TL brauner Zucker

4–6 ofenfeste Förmchen (à ca. 200 ml Inhalt) mit passender Auflaufform
Flambierbrenner

Für die Crème brûlée die Vanilleschote längs aufschneiden und das Mark mit einem spitzen Messer herauskratzen. Sahne, Milch und Eigelbe in einer Rührschüssel mit den Quirlen des Handrührgeräts gründlich verrühren. Zucker, 1 Prise Salz und ausgekratztes Vanillemark hinzufügen und untermischen. Zuletzt die ausgekratzte Vanilleschote dazugeben und alles abgedeckt im Kühlschrank etwa 2 Stunden, am besten über Nacht, durchziehen lassen.

Den Backofen auf 140 °C Umluft vorheizen. Die Masse auf die Förmchen verteilen (Vanilleschote entfernen!) und nebeneinander in die im Ofen auf der mittleren Schiene stehende Auflaufform setzen. Vorsichtig so viel kochendes Wasser seitlich in die Auflaufform gießen, dass die Förmchen bis zum Rand im Wasser stehen. Die Crèmes im Ofen 55 bis 75 Minuten stocken lassen.

Die Förmchen aus dem Wasserbad nehmen und auf einem Kuchengitter abkühlen lassen. Anschließend im Kühlschrank mindestens 2 Stunden, am besten über Nacht, durchziehen lassen.

Zum Servieren für die Karamellschicht je 1 TL braunen Zucker auf die Crèmes streuen. Durch Schwenken den Zucker verteilen und den Rest des Zuckers aus den Förmchen schütten. Den Rand der Form säubern und den Zucker mit dem Flambierbrenner gleichmäßig schmelzen und bräunen. Anschließend etwa 2 Minuten warten und die Crème brûlée dann servieren.

15 Min.
mind. 4 Std.
55–75 Min.
★★☆ mittel
vegetarisch

Schmeckt. Auch mal anders.
Anstatt mit Vanille lässt sich die Masse auch mit geriebener Tonkabohne, Lorbeerblatt, Zimt oder Zimtblüte, Bio-Orangenschale, Matchateepulver, Lavendel oder Ingwer aromatisieren.

ZITRONENTARTE mit Baiser

Für 1 Tarte

Mürbeteig
150 g kalte Butter
100 g Puderzucker
Salz
1 Ei (Größe M)
250 g Weizenmehl (Type 405)
80 g gemahlene Mandeln
Mehl zum Arbeiten
300 g Hülsenfrüchte zum Blindbacken

Zitronenmasse
100 ml Zitronensaft (Saft von ca. 3 Zitronen)
180 g Zucker
4 Eier (Größe M)
1 Eigelb (Größe M)
140 g weiche Butter

Baiser
1 Eiweiß (Größe M)
30 g Zucker
Salz

1 Tarteform (ca. 26 cm Ø; oder quadratische Tarteform ca. 22 × 22 cm) · Backpapier · ggf. Spritzbeutel · Flambierbrenner

30 Min.
mind. 4 Std.
25 Min.
★★★ schwer
vegetarisch

Für den Mürbeteig die Butter würfeln und mit Puderzucker und 3 Prisen Salz zügig verkneten. Das Ei kurz unterkneten. Dann Mehl und Mandeln hinzufügen und alles zügig zu einem Mürbeteig verarbeiten. Den Teig in Frischhaltefolie wickeln und mindestens 1 Stunde kühl stellen. Den Backofen rechtzeitig auf 180 °C Umluft vorheizen.

Den Teig auf der leicht bemehlten Arbeitsfläche etwas größer als die Tarteform ausrollen. In die nach Wunsch mit Backpapier ausgelegte Tarteform legen und an den Seiten etwas andrücken, den Rand dabei leicht überstehen lassen. Den Boden der Tarte mit einer Gabel mehrmals einstechen. Ein Blatt Backpapier hineinlegen und die Hülsenfrüchte darauf verteilen. Den Boden im Ofen auf der mittleren Schiene 12 bis 15 Minuten blindbacken.

Herausnehmen, das Backpapier samt Inhalt entfernen und die Backofentemperatur auf 170 °C reduzieren. Den Boden im Ofen noch weitere 10 Minuten goldbraun backen. Herausnehmen und auf einem Kuchengitter abstellen. (Wer mag, kann die überstehenden Teigränder abschneiden und die Tarte nochmals etwa 5 Minuten bei 170 °C backen, damit die Schnittkanten bräunen.) Anschließend den Tarteboden vollständig abkühlen lassen.

Für die Zitronenmasse Sieb und Schüssel bereitstellen. In einem Topf Zitronensaft und Zucker kurz aufkochen. Die Eier und das Eigelb in einer Rührschüssel mit einem Schneebesen verquirlen, dann die kochende Flüssigkeit nach und nach unterrühren. Alles zurück in den Topf geben und unter Rühren (auch am Topfboden) auf etwa 80 °C erwärmen, bis die Masse andickt. (Speisethermometer! Alternativ etwas Creme auf der Rückseite eines Holzlöffels leicht anpusten, wenn ein wellenförmiges Muster entsteht, ist die Creme fertig.)

Die Masse durch das Sieb in die Schüssel gießen und etwa 10 Minuten abkühlen lassen. Dann die weiche Butter nach und nach mit dem Stabmixer einarbeiten. Die Zitronenmasse auf dem Tarteboden gleichmäßig verstreichen und mindestens 3 Stunden abkühlen lassen.

Für das Baiser das Eiweiß in einer fettfreien Schüssel mit Zucker und 2 Prisen Salz steif aufschlagen. Mit einem Teigschaber oder Spritzbeutel auf die feste Zitronenmasse auftragen und mit dem Flambierbrenner leicht bräunen.

Zum Servieren kann man die Zitronentarte noch mit frischem Obst, Beeren, Kräutern oder essbaren Blüten garnieren.

Diese Tarte erinnert an einen Sommerurlaub in Frankreich. Knuspriger, buttriger Mürbeteig und saure Zitronenmasse kombiniert mit flambiertem Baiser, ein Traum! Mit frischen Beeren ist diese Tarte noch hübscher anzusehen. Perfekt auf der Kuchentafel oder als Dessert.

TARTE TATIN klassisch mit Äpfeln

Für 1 Tarte

Mürbeteig
100 g kalte Butter
50 g Puderzucker
200 g Weizenmehl (Type 405)
1 Ei (Größe M)
Salz
Mehl zum Arbeiten

Belag
3 große säuerliche Äpfel (z. B. Boskop oder Cox Orange)

Karamell
120 g Zucker
80 g Butter
Salz
Mark von ½ Vanilleschote

1 Springform (26 cm Ø) · Backpapier

20 Min.

mind. 45 Min.

20–25 Min.

mittel

vegetarisch

Für den Mürbeteig die Butter würfeln und mit Puderzucker, Mehl, Ei und 3 Prisen Salz zügig zu einem Teig verkneten. Den Teig in Frischhaltefolie wickeln und mindestens 30 Minuten kühl stellen. Ein Stück Backpapier auf den Boden der Springform klemmen. Die Springform sollte gut verschlossen sein, da später das Karamell hineingegeben wird.

Für den Belag die Äpfel schälen, vierteln, das Kerngehäuse entfernen und ggf. die Viertel nochmal halbieren.

Für das Karamell den Zucker mit 50 ml Wasser in einem großen Topf bei mittlerer Hitze bernsteinfarben karamellisieren. Dabei die Masse nicht verrühren, sondern den Topf schwenken – so kann der Zucker gleichmäßig karamellisieren. (Vorsicht, Karamell wird sehr heiß!) Die Butter in Flocken dazugeben und in der Zuckermasse schmelzen lassen. Zuletzt 3 Prisen Salz und Vanillemark hinzufügen und alles gut verrühren.

Das Karamell vorsichtig in die vorbereitete, abgedichtete Form gießen. Dabei die Form leicht hin- und herbewegen und das Karamell dadurch gleichmäßig auf dem Boden verteilen. Die Apfelviertel vom Rand beginnend kreisförmig aneinander in das Karamell in der Springform legen.

Zum Fertigstellen den Backofen auf 200 °C Ober-/Unterhitze vorheizen. Den Mürbeteig auf der leicht bemehlten Arbeitsfläche etwas größer als die Form ausrollen und vorsichtig auf die Äpfel legen. Den überstehenden Teig als Rand in die Form drücken. Die Tarte im Ofen auf der mittleren Schiene 20 bis 25 Minuten backen. Herausnehmen und auf einem Kuchengitter etwa 15 Minuten ruhen lassen, dann vorsichtig auf eine Kuchenplatte stürzen.

Zum Servieren den Teigrand mit einem Messer von der Form lösen und den Springformring abnehmen. Die Tarte Tatin mit Vanilleeis, Schlagsahne oder Crème fraîche servieren.

Schmeckt. Auch mit Birne.
Alternativ zu den Äpfeln Birnen verwenden und das Karamell mit etwas frisch geriebener Muskatnuss und Thymian verfeinern. Wichtig: Wer die Köstlichkeit in der Springform zubereitet, unbedingt vorher mit etwas Wasser testen, ob sie dicht ist. Und wer keine Zeit hat, den Mürbeteig selbst herzustellen, kann einfach Blätterteig aus dem Kühlregal nehmen – der eignet sich auch super.

AMERIKA

Das Land der unbegrenzten kulinarischen Möglichkeiten! Amerika hat so viel mehr zu bieten als zu große Portionen und nur Fast Food: Dieser Kontinent birgt eine Vielfalt an Grillgerichten und leckeren Süßspeisen. Zum Beispiel Donuts. Diese beliebten Kringel backt Theresa ganz ohne tierische Produkte. Zuckerguss und bunte Streusel machen die Donuts nicht nur optisch zu einem Highlight.

Zora bereitet ein Pulled Pork vor, aber aufgepasst! Auch hier gibt es eine vegetarische Alternative, mit der man auf der nächsten BBQ-Party beeindrucken kann – Pulled Mushrooms. Dazu gibt es natürlich Coleslaw. Und wer danach noch Hunger hat: Wie wäre es mit einem Stück Brownie?

COLESLAW
AMERIKANISCHER **KRAUTSALAT**

„Coleslaw“ – das hört sich viel spannender an als Krautsalat. Die Zutaten der amerikanischen Variante – Mayonnaise und Joghurt – sorgen aber auch dafür, dass der Salat cremiger und milder schmeckt als der Klassiker mit Essig-Öl-Kümmel-Vinaigrette aus Deutschland.

Für 4 Personen

½ Spitzkohl
2 Möhren
optional 1 kleine Zwiebel
1 säuerlicher Apfel
½ Tasse Mayonnaise (ca. 120 g)
2 EL Joghurt
Salz · Pfeffer aus der Mühle
2 EL Apfelessig
1 EL Zucker oder Honig
etwas Kümmelpulver

Außerdem
optional Petersilie oder Schnittlauch zum Garnieren

30 Min.
30 Min.
einfach
vegetarisch

Für den Coleslaw den Kohl von den äußeren Blättern und dem harten Strunk befreien und in feine Streifen schneiden. Die Möhren putzen, schälen und auf der Gemüsereibe grob raspeln. Falls gewünscht, die Zwiebel schälen und fein würfeln. Den Apfel waschen, vierteln und entkernen. Die Apfelviertel ebenfalls in feine Würfel oder Streifen schneiden.

Die vorbereiteten Zutaten in eine Salatschüssel geben und mit Mayonnaise und Joghurt verrühren. Den Salat mit Salz, Pfeffer, Essig und Zucker oder Honig und dem Kümmel würzen. Vor dem Servieren mindestens 30 Minuten ziehen lassen.

Zum Servieren nach Belieben Petersilie oder Schnittlauch waschen und trocken tupfen, die Petersilie fein hacken, den Schnittlauch in feine Röllchen schneiden. Den Salat mit den Kräutern garnieren.

PULLED-PORK-BURGER
und Pulled-Mushrooms-Burger

Hier kommen meine besten Burger – für Fleischfreunde und Veganer. Die Pulled-Optik lässt sich in der pflanzenbasierten Variante dank der faserigen Austernpilze spielend erzeugen. Für die zarte Konsistenz des Pork sorgen die niedrige Temperatur und das langsame Braten.

Pulled Pork
Für 6–8 Personen

2,5 kg Schweineschulter oder -nacken
200 ml BBQ-Sauce (selbst gemacht oder gekauft)
100 ml Apfelessig
1 EL Tomatenmark

Am Vorabend aus BBQ-Sauce, Essig und Gewürzen eine Marinade herstellen. Die Schulter in eine Schale legen und damit rundum einreiben. Die Kräuter darauf verteilen und das Fleisch abgedeckt im Kühlschrank etwa 8 Stunden, am besten über Nacht, ziehen lassen.

Am nächsten Tag den Ofen auf 140 °C Ober-/Unterhitze vorheizen. Das Fleisch in eine Auflaufform oder einen Schmortopf legen, Marinade und Kräuter hinzufügen. Die Brühe dazugießen und alles mit geschlossenem Deckel auf der mittleren Schiene 6 bis 8 Stunden garen.

2 EL Sojasauce
2 EL Ahornsirup
2 EL geräuchertes Paprikapulver
1 EL Knoblauchpulver
1 EL Zwiebelpulver
1 EL Kreuzkümmelpulver
1 EL scharfer Senf
Salz · Pfeffer aus der Mühle
1 EL Cayennepfeffer
je einige Zweige Oregano, Thymian und Rosmarin
100 ml Hühner- oder Gemüsebrühe

Außerdem
6–8 Burger-Buns
etwas Coleslaw (siehe Seite 135)

Auflaufform mit Deckel oder ofenfester Schmortopf mit Deckel

Anschließend das Fleisch aus dem Ofen nehmen und warm halten. Die Marinade in einen Topf gießen und nochmals abschmecken, falls nötig, noch etwas Brühe dazugeben. Das Fleisch auf ein Arbeitsbrett legen und mit zwei Gabeln „zerrupfen", sodass man die gewünschte Form erhält. Anschließend in die Marinade geben.

Zum Servieren die Burger-Buns quer halbieren und im Toaster hell rösten. Die Unterseiten jeweils mit Pulled Pork belegen und etwas Coleslaw daraufsetzen, die Oberseiten auflegen und andrücken. Dazu passen Salat und Rohkost.

30 Min.
über Nacht
6–8 Std.
★★★ einfach

Pulled Mushrooms
Für 6 Personen

500 g Austernpilze · 1 Zwiebel
2 Knoblauchzehen · 2 EL Olivenöl
2 EL Sojasauce
2 EL Tomatenmark
1 EL Ahornsirup oder Honig
1 TL geräuchertes Paprikapulver
1 TL Kreuzkümmelpulver
etwas gehackter Thymian

Außerdem
6 Burger-Buns
etwas Coleslaw (siehe Seite 135)

Backblech

30 Min.
10 Min.
★★★ einfach
optional vegan

Für die Pilze den Backofen auf 200 °C Ober-/Unterhitze vorheizen. Die Pilze putzen, falls nötig, trocken abreiben und in längliche Stücke zupfen. Zwiebel und Knoblauch schälen und in feine Würfel schneiden.

Die restlichen Zutaten in einer Schüssel zu einer Marinade rühren. Zwiebel, Knoblauch und Pilze hinzufügen und gut in der Marinade wenden. Auf einem Backblech verteilen und im Ofen auf der mittleren Schiene etwa 10 Minuten garen. Herausnehmen und warm halten.

Zum Servieren die Burger-Buns quer halbieren und im Toaster hell rösten. Die Unterseiten jeweils mit Pulled Mushrooms belegen und etwas Coleslaw daraufsetzen, die Oberseiten auflegen und andrücken. Dazu passen Salat und Rohkost.

Schmeckt. Auch vegan.
Wer vegane Burger zubereiten möchte, muss im Rezept für den Coleslaw die Produkte tierischen Ursprungs gegen pflanzliche Alternativen austauschen.

BROWNIES
mit **Erdnussbuttercreme** und **Karamell**

Eine unschlagbare Kombi, so wie Zora und ich: Die Kombination aus Zartbitterkuvertüre und gesalzenen Erdnüssen schmeckt einfach unwiderstehlich. Die leichte Säure der Frischkäsecreme bildet dabei den optimalen Kontrast zur mächtigen „schokoladigen" Unterlage.

Für 1 Kuchen

Brownies
Fett und Mehl für das Blech
200 g Zartbitterkuvertüre
200 g Butter
4 Eier (Größe M)
150 g brauner Zucker
100 g Weizenmehl (Type 405)
30 g Kakaopulver · 5 g Salz

Erdnussbuttercreme
30 g weiche Butter
30 g Erdnussbutter
30 g Puderzucker
120 g zimmerwarmer Frischkäse (Doppelrahmstufe)

Karamellsauce
100 g Zucker
30 g Butter · 50 g Sahne
Fleur de sel
40 g gesalzene Erdnusskerne

Springform (26 cm Ø) · Backpapier

35 Min.

20–25 Min.

★★★ mittel

vegetarisch

Für die Brownies den Backofen auf 170 °C Umluft vorheizen. Ein Stück Backpapier auf den Boden der Springform klemmen, die Ränder der Form fetten und mehlieren. Die Kuvertüre hacken und mit der Butter in einer Metallschüssel über dem heißen Wasserbad unter Rühren vorsichtig schmelzen. Inzwischen Eier und Zucker in einer Rührschüssel mit den Quirlen des Handrührgeräts schaumig aufschlagen. Das Mehl mit Kakaopulver mischen.

Den Kuvertüre-Butter-Mix esslöffelweise zur Eiermischung geben und unterrühren. Dann das Mehl dazugeben und alles zügig zu einem Teig verrühren. Zuletzt das Salz hinzufügen.

Den Teig in die Form füllen, glatt streichen und im Ofen auf der mittleren Schiene 20 bis 25 Minuten backen. Der Teig sollte dann in der Mitte noch nicht ganz durchgebacken sein. Den Kuchen aus dem Ofen nehmen und auf einem Kuchengitter abkühlen lassen, dann bis zum Servieren kühl stellen.

Für die Erdnussbuttercreme die weiche Butter mit Erdnussbutter und Puderzucker in einer Schüssel mit den Quirlen des Handrührgeräts aufschlagen. Den Frischkäse löffelweise dazugeben und weiter aufschlagen. (Achtung, Butter, Erdnussbutter und Frischkäse sollten Zimmertemperatur haben!)

Für die Karamellsauce den Zucker mit 20 ml Wasser in einem Topf bernsteinfarben schmelzen. Dabei die Masse nicht verrühren, sondern den Topf schwenken – so kann der Zucker gleichmäßig karamellisieren. Den Topf vom Herd nehmen und die Butter so lange unterrühren, bis sie sich mit dem Zucker verbunden hat. Die Sahne nach und nach dazugeben. Zuletzt 2 Prisen Fleur de sel hinzufügen und alles auf Zimmertemperatur abkühlen lassen. (Die Sauce hält sich im Kühlschrank gut 2 Wochen.)

Zum Servieren den abgekühlten Kuchen mit der Erdnussbuttercreme bestreichen. Den Karamell darüberträufeln und mit gesalzenen Erdnüssen bestreuen. Den Kuchen in Stücke schneiden.

CARROT CAKE MIT ROSINEN und Frischkäse-Frosting

Der Möhrenkuchen mit Frischkäse-Frosting und Rosinen erinnert mich an einen Aufenthalt in New York. Ich gebe zu, die Rosinen haben mich überrascht, aber absolut positiv. Man kann sie natürlich auch weglassen.

Für 1 Blech

Teig
Fett und Mehl für die Form
600 g Möhren
125 g geröstete Haselnusskerne
125 g geröstete Walnusskerne
300 g Pflanzenöl (z. B. Rapsöl)
250 g Zucker · 125 g brauner Zucker
5 Eier (Größe M)
3 Prisen Salz · 2 TL Zimtpulver
Abrieb von 1 Bio-Orange
¼ frisch geriebene Muskatnuss
¼ TL Lebkuchengewürz
½ TL geriebener frischer Ingwer
475 g Weizenmehl (Type 405)
25 g Backpulver · 50 g Rosinen

Frischkäse-Frosting
120 g weiche Butter
160 g Puderzucker
240 g zimmerwarmer Frischkäse (Doppelrahmstufe)
etwas Vanillearoma (ersatzweise Mark von ½ Vanilleschote)

Backblech (ca. 30 × 20 cm)

Für den Teig das Blech einfetten und mehlieren. Den Backofen auf 180 °C Umluft vorheizen. Die Möhren putzen, schälen und auf der Gemüsereibe grob raspeln. Die gerösteten Nüsse grob hacken. In einer Rührschüssel Öl, beide Zuckersorten, Eier und Gewürze mischen und mit den Quirlen des Handrührgeräts aufschlagen. Das Mehl mit Backpulver mischen, zur Ölmischung geben und gründlich unterrühren. Das dauert etwa 1 Minute. Anschließend erst die Möhren, danach beide Nusssorten und die Rosinen unterheben.

Den Teig auf dem Blech verteilen und im Ofen auf der mittleren Schiene 40 bis 60 Minuten backen (Stäbchenprobe!). Dabei zwischendurch prüfen, ob die Oberfläche des Kuchens zu dunkel wird – falls ja, die Backofentemperatur reduzieren und ggf. die Backzeit verlängern.

Den Kuchen aus dem Ofen nehmen und auf einem Kuchengitter abkühlen lassen. Bevor der Kuchen bestrichen oder angeschnitten wird, muss er unbedingt vollständig ausgekühlt sein!

Für das Frosting Butter und Puderzucker in eine Schüssel geben und mit den Quirlen des Handrührgeräts glatt verrühren. Den Frischkäse esslöffelweise dazugeben und unterrühren. (Achtung, Butter und Frischkäse sollten Zimmertemperatur haben!) Zuletzt das Frosting mit Vanille abschmecken und den Kuchen damit bestreichen.

Zum Servieren in Stücke schneiden.

30 Min.
ca. 1 Std.
einfach
vegetarisch

Schmeckt. In jeder Form.
Der Kuchen eignet sich auch für eine 26-cm-Springform oder für einen etwas höheren Carrot Cake in einer 20-cm-Form. Dann die Backzeit unbedingt verlängern und mit der Stäbchenprobe testen, ob der Kuchen durchgebacken ist.

DONUTS

In Amerika nennt man diese Art von Donuts „Cake Donuts", denn sie sind nicht so weich wie die klassichen Donuts. Mit einer Glasur und Streuseln nach Wahl erlebt man nicht nur geschmacklich auf diese Weise eine Art Kurzurlaub in Amerika!

Für 8–10 Stück

Teig
125 g Sojajoghurt
25 ml ungesüßter Sojadrink
50 ml Pflanzenöl
30 g Zucker
30 g Vanillezucker
3 g Salz
250 g Weizenmehl (Type 405)
10 g Backpulver
optional etwas Vanillearoma oder -mark und/oder abgeriebene Bio-Zitronenschale
Mehl zum Arbeiten
Fett zum Frittieren

Zum Garnieren
200 g Puderzucker
Saft von 1 Zitrone
bunte Zuckerstreusel

Abtropfgitter
Ausstecher oder Glas (10 cm Ø) · kleiner Ausstecher (2–3 cm Ø)

50 Min.
10 Min.
einfach
vegan

Für den Teig Sojajoghurt, Sojadrink, Öl, Zucker, Vanillezucker und Salz in eine Rührschüssel geben und verrühren. Mehl und Backpulver mischen und zur flüssigen Mischung geben. Dann alles zügig mit den Knethaken des Handrührgeräts zu einem Teig verkneten. Nach Belieben noch mit etwas Vanillearoma oder -mark und/oder abgeriebener Bio-Zitronenschale aromatisieren.

Den Teig auf der leicht bemehlten Arbeitsfläche weiter verarbeiten. Falls er sich nicht ausrollen lässt, abgedeckt etwa 10 Minuten ruhen lassen.

Zum Ausbacken ausreichend Fett in einem großen Topf auf etwa 170 °C (Speisethermometer!) erhitzen. Zur Kontrolle einen Holzlöffelstiel in das Fett halten. Die richtige Temperatur ist erreicht, wenn sich um das Holz herum kleine Bläschen bilden und nach oben steigen. Ein Gitter zum Abtropfen bereitstellen.

Den Teig auf der leicht bemehlten Arbeitsfläche 1 ½ bis 2 cm dick ausrollen. Erst mit einem runden Ausstecher oder einem Glas 8 bis 10 Kreise (à ca. 10 cm Durchmesser) ausstechen. Dann aus jedem Kreis noch einen kleinen Kreis (à 2 bis 3 cm Durchmesser) in der Mitte ausstechen, sodass Kringel entstehen. Die Teigreste erneut ausrollen.

Die Teiglinge vorsichtig in das Frittierfett geben und auf jeder Seite etwa 4 Minuten ausbacken. Herausnehmen und auf dem Küchenpapier abtropfen und abkühlen lassen.

Zum Verzieren Puderzucker und Zitronensaft zu einer Glasur verrühren, die abgekühlten Donuts damit auf der Oberseite bestreichen und mit den Zuckerstreuseln bestreuen.

Schmeckt. Auch mit Zimt & Zucker.
Alternativ die Donuts noch warm in Zimt und Zucker wälzen.

ZUM BEEINDRUCKEN

Von Beurre blanc und Baiser bis Pochieren und Zabaione: Mit den Rezepten in diesem Kapitel lässt sich ganz viel Eindruck machen, und das ohne großen Stress in der Küche. Die Rezepte brauchen ein bisschen Zeit und vermitteln nebenbei besondere Techniken, erfordern aber keine Ausbildung in der Küche oder Konditorei.

GEBACKENE **BUNTE BETE** mit **Ricotta** und **Honig**

Eine kinderleichte Vorspeise mit ausgewachsenem Angeber-Potenzial. Und wer noch einen draufsetzen will, beschäftigt sich mit der Botanik der Bunten Beten: Es gibt Rote Beten, Gelbe Beten und die besonders hübschen Ringelbeten – mit dem herrlichen Namen Tonda di Chioggia.

Für 4 Personen

Bunte Bete
4 Bunte Beten
5 EL Olivenöl
5 Zweige Thymian
grobes Meersalz
Pfeffer aus der Mühle

Außerdem
100 g Walnusskerne
400 g Ricotta
Salz · Pfeffer aus der Mühle
1 Knoblauchzehe

Zum Servieren
4 EL flüssiger Honig
abgeriebene Schale von 1 Bio-Zitrone
Kresse oder Sprossen

Backblech

Für die Bunte Bete den Backofen auf 180 °C Ober-/Unterhitze vorheizen. Die Beten putzen, schälen und in Spalten schneiden. (Achtung, Rote Beten färben stark ab!) Die Spalten auf einem Backblech verteilen und mit etwas Olivenöl mischen. Die Thymianzweige daraufsetzen und alles mit Meersalz und Pfeffer bestreuen. Das Gemüse im Ofen auf der mittleren Schiene etwa 45 Minuten garen. Anschließend herausnehmen und sofort servieren.

Die Walnüsse grob hacken und während der letzten 10 Minuten Garzeit in einer kleinen Form in den Ofen dazustellen und mitrösten.

Den Ricotta glatt verrühren und mit Salz und Pfeffer würzen. Den Knoblauch schälen und dazupressen.

Zum Servieren jeweils 1 Klecks Ricottacreme in die Tellermitte geben und mit einem Löffel rundum verteilen. Die gebackene Bete in die Mitte setzen. Mit Honig beträufeln und mit Walnüssen bestreuen. Mit etwas Zitronenschale und Kresse oder Sprossen garnieren.

1 Std.
45 Min.
★★★ einfach
optional vegan

Schmeckt. Auch vegan.
Alternativ zum Ricotta vegane Frischkäsecreme verwenden und den Honig durch Ahornsirup ersetzen. Wer mag, gibt noch 2 ungeschälte Knoblauchzehen zu den Beten auf das Blech dazu. Nach dem Garen sind sie innen schön weich und können mit der Bete serviert werden.

GESCHMORTE MÖHREN MIT VANILLE und Frischkäse-Orangen-Creme

Perfekt als Vorspeise, aber auch ein superleckerer Snack und eine Bereicherung für jedes Party-Büfett! Die Zubereitung ist ganz einfach, es kommt hier auf die Qualität der Zutaten an: Möhren mit Grün, Vanille aus Tahiti, Frischkäse mit Doppelrahm und echter Parmesan mit langer Reifung.

Für 4 Personen

Möhren
2 Bund Möhren (mit Grün)
2 EL Olivenöl · Salz
2 Zweige Rosmarin
1 Tahiti-Vanilleschote
1½ EL Butter

Frischkäsecreme
2 Bio-Orangen
500 g Frischkäse (Doppelrahmstufe)
Salz · Pfeffer aus der Mühle

Parmesancracker
250 g Parmesan (am Stück)
1 EL schwarze Pfefferkörner
1 EL Rosa Pfefferbeeren

2 Backbleche · Backpapier

Optional zum Servierenr
etwas Erbsenkresse oder Schnittlauchröllchen

45 Min.

30 Min.

einfach

vegetarisch

Für die Vanillemöhren den Backofen auf 200 °C Ober-/Unterhitze vorheizen. Die Möhren putzen und mit der Gemüsebürste gründlich waschen, das Grün bis auf etwa 1 cm entfernen. Die Möhren auf einem Backblech verteilen und mit Olivenöl, Salz, Pfeffer und Rosmarin mischen. Im Ofen auf der mittleren Schiene etwa 25 Minuten garen.

Die Frischkäsecreme in der Zwischenzeit zubereiten. Dafür die Orangen heiß waschen, abtrocknen und etwas Schale fein abreiben, danach die Orangen halbieren und auspressen. Den Frischkäse mit dem Orangensaft und etwas Abrieb, Salz und Pfeffer glatt verrühren.

Die fertig gegarten Möhren aus dem Ofen nehmen und beiseitestellen, die Backofentemperatur auf 180 °C Ober-/Unterhitze reduzieren.

Für die Parmesancracker den Parmesan reiben. Pfefferkörner und Rosa Pfefferbeeren im Mörser fein zerstoßen. Ein Backblech mit Backpapier belegen und darauf etwa 10 cm große Kreise aus Parmesan formen. Jeweils mit etwas Pfeffermix bestreuen und im Ofen auf der mittleren Schiene 4 bis 5 Minuten knusprig backen. Herausnehmen und auf einem Kuchengitter abkühlen lassen.

Zum Fertigstellen der Vanillemöhren die Vanilleschote längs aufschneiden und das Mark mit einem spitzen Messer herauskratzen. Die Butter in einer Pfanne zerlassen und Möhren und Vanille darin glasig schwenken, sodass sich die Vanillebutter um die Möhren legt.

Zum Servieren die Möhren auf Teller verteilen, jeweils 1 Nocke Frischkäsecreme danebensetzen und mit den Crackern garnieren. Wer mag, streut noch etwas Erbsenkresse oder Schnittlauchröllchen darüber.

RICOTTAKLÖSSCHEN (GNUDI) mit Spargel und pochiertem Ei

Für 4 Personen

Gnudi
300 g Ricotta
70 g Parmesan (am Stück)
80 g Weizengrieß (Semola macinata)
etwas frisch geriebene Muskatnuss
1 Ei (Größe M)
Salz · Pfeffer aus der Mühle
abgeriebene Schale von 1 Bio-Zitrone
Weizengrieß (Semola macinata) für das Tablett
Meersalzflocken

Salbeibutter
50 g Butter
1 Handvoll Salbeiblätter

Eier und Spargel
je 500 g weißer und grüner Spargel
2 EL Olivenöl
Salz · Pfeffer aus der Mühle
1 EL Essig · 4 Eier (Größe M)
etwas Radieschensprossen oder Kresse

Backblech

1 Std.

2 Std.

8 Min.

mittel

vegetarisch

Für die Gnudi am Vortag den Ricotta in ein sauberes Küchentuch füllen und dieses in ein Sieb über ein Gefäß stellen, sodass der Ricotta etwas Flüssigkeit verlieren und etwa 2 Stunden abtropfen kann.

Währenddessen den Parmesan reiben. Ein Tablett mit etwas Semola bestreuen. Den Ricotta mit Parmesan, Weizengrieß, Muskatnuss, Ei, Salz, Pfeffer und Zitronenabrieb (ein wenig zum Garnieren beiseitestellen!) verrühren. Aus der Masse mit 2 Esslöffeln gleichmäßige Nocken formen und nebeneinander auf das Tablett setzen. Am besten über Nacht in den Kühlschrank stellen, so bekommen sie noch mehr Festigkeit.

Am nächsten Tag die Gnudi in siedendem Salzwasser so lange garen, bis sie an der Oberfläche steigen. Mit einem Schaumlöffel herausnehmen und abtropfen lassen.

Für die Salbeibutter die Butter in einer Pfanne bräunen und den Salbei darin ziehen lassen. Die Gnudi in der Salbeibutter mit etwas Gnudi-Kochwasser durchschwenken, warm halten.

Den Spargel waschen, den weißen ganz, den grünen nur im unteren Drittel schälen und jeweils die holzigen Enden abschneiden. Den Backofengrill einschalten. Den Spargel auf einem Backblech verteilen, mit Olivenöl, Salz und Pfeffer mischen und unter dem Grill bei 200 °C etwa 8 Minuten garen. Herausnehmen oder noch warm halten.

Für die pochierten Eier inzwischen in einem breiten Topf 2 l Wasser mit dem Essig aufkochen und kräftig salzen. Sobald das Wasser kocht, die Hitze so weit reduzieren, dass keine großen Blasen mehr aufsteigen. Die Eier in 4 Tassen aufschlagen, ohne die Eigelbe zu verletzen. Das Kochwasser mit einem Kochlöffel in eine langsam kreisende Bewegung bringen, das erste Ei in das schwach siedende Wasser gleiten lassen und 3 bis 4 Minuten pochieren. Die Eier am besten nacheinander garen und danach auf Küchenpapier abtropfen lassen.

Zum Servieren den Spargel mit den Klößchen auf Tellern anrichten. Die Salbeibutter darauf verteilen und die pochierten Eier dazusetzen. Mit Meersalzflocken, Pfeffer, Zitronenabrieb und Kresse bestreuen.

Eine schrecklich nette (italienische) Familie: Gnudi sind die etwas voluminöseren toskanischen Verwandten der Gnocchi. Sie enthalten keine Kartoffeln, dafür Ricotta und Käse. Ihr Name heißt übersetzt „nackt“ und meint, dass sie ohne Teighüllen in Wasser gegart werden.

RAVIOLI mit zweierlei Füllungen

Für 4 Personen

Nudelteig
400 g Weizenmehl (Type 405; ersatzweise ital. Weizenmehl Type 00)
3 Eier (Größe M) · Salz
½ TL Kurkumapulver
2 ½ EL Rote-Bete-Saft
Mehl zum Arbeiten

Zitronen-Frischkäse-Füllung
1 Bio-Zitrone · 1 Knoblauchzehe
300 g Ziegenfrischkäse
100 g geriebener Parmesan
1 Eigelb · 30 g Panko (ersatzweise Paniermehl)
Salz · Pfeffer aus der Mühle

Rotkohlfüllung
300 g gegarte Rotkohlstreifen
200 g Ricotta
50 g geriebener Parmesan
Salz · Pfeffer aus der Mühle

Zum Servieren
einige Zweige Thymian
einige Salbeiblätter
2 EL Butter · Salz
geriebener Parmesan · flockiges Meersalz und Olivenöl

optional Nudelmaschine
optional Spritzbeutel

1 Std.
1 Std.
★★☆ mittel
vegetarisch

Für den Nudelteig jeweils 200 g Mehl mit 1 Prise Salz in eine Schüssel geben. In eine Schüssel zusätzlich 2 Eier und Kurkuma, in die andere den Rote-Bete-Saft und 1 Ei hinzufügen. Dann beides mit den Knethaken des Handrührgeräts oder der Küchenmaschine zu einem festen Teig verkneten. (Achtung, Kurkuma und Rote-Bete-Saft färben stark ab!) Teige in Frischhaltefolie gewickelt etwa 1 Stunde kühl stellen.

Für die Zitronen-Frischkäse-Füllung die Zitrone heiß waschen, abtrocknen und die Schale fein abreiben. Knoblauch schälen und fein würfeln. Frischkäse in einer Schüssel mit Zitronenschale, Knoblauch, Parmesan, Eigelb und Panko mischen. Mit Salz und Pfeffer würzen.

Für die Rotkohlfüllung den gegarten Rotkohl in einem Sieb etwas abtropfen lassen, dabei die Flüssigkeit gut ausdrücken. Dann den Kohl mit Ricotta und Parmesan im Blitzhacker cremig mixen. Mit Salz und Pfeffer abschmecken.

Für die Ravioli den Teig jeweils in Portionsstücke teilen und jedes Teigstück mit der Nudelmaschine (Nudelholz geht auch!) mehrmals auf breitester Stufe durchdrehen. Dabei immer wieder falten, bis der Teig schön geschmeidig ist. Dann den Abstand der Walzen in jedem Schritt verkleinern und den Teig zu einer dünnen Bahn ausrollen.

Die Teigbahnen auf der leicht bemehlten Arbeitsfläche auslegen und jeweils in der Mitte teilen. Auf eine Hälfte die Füllung in kleinen Häufchen verteilen (Zitronenfüllung auf die gelbe Bahn, Rotkohlfüllung auf die rote). Das geht am besten mithilfe von Teelöffeln oder einem Spritzbeutel. Dabei ausreichend Abstand zwischen den Häufchen lassen. Die Teigränder mit wenig Wasser bestreichen, die andere Teighälfte darüberklappen und alles gut andrücken. Dann die Ravioli mit ausreichend Rand mit einem Teigrädchen oder Messer ausschneiden (alternativ mit einem Förmchen ausstechen).

Die fertigen Ravioli mit etwas Mehl bestäuben, damit sie nicht aneinanderkleben. Anschließend in einem großen Topf in ausreichend siedendem Salzwasser 4 bis 6 Minuten garen.

Zum Servieren die Kräuter waschen und trocken tupfen. Die Butter in einer Pfanne erhitzen und Thymian und Salbei darin kurz wenden, leicht salzen. Ravioli herausnehmen, kurz abtropfen lassen und in der Kräuterbutter schwenken. Die Ravioli auf Teller verteilen, mit geriebenem Parmesan und Meersalz bestreuen und mit Olivenöl beträufeln.

Das Rezept für meine selbst gemachten Teigtaschen ist zwar etwas aufwendiger und benötigt ein wenig Fingerspitzengefühl. Dafür kann man es super als Gruppenaktivität, mit Kindern oder bei einem Date zubereiten. Und der Fantasie sind bei der Nudeltaschenform keine Grenzen gesetzt!

RUMPSTEAKS mit Pfeffersauce

Ein richtig schönes Sonntagsgericht. Denkt dran, dass jedes Fleischstück vor dem Garen 1 bis 2 Stunden Zimmertemperatur annehmen sollte, wenn es vorher im Kühlschrank gelagert war. Dann ist der Temperaturunterschied beim Anbraten nicht so extrem und das Fleisch wird zarter.

Für 4 Personen

2 Rumpsteaks (à 180–200 g)
Salz
1 Knoblauchzehe
1 Zweig Rosmarin
2–3 EL Sonnenblumenöl
1 TL schwarze Pfefferkörner
1 EL eingelegter grüner Pfeffer
30 g kalte Butter
2 cl Cognac
150 g Sahne
Fleur de sel zum Bestreuen
etwas Rinderfond

Backblech oder Auflaufform
optional Bratenthermometer

30 Min.

12–16 Min.

★★☆ mittel

Für die Steaks das Fleisch rechtzeitig Zimmertemperatur annehmen lassen, dann salzen. Den Backofen auf 140 °C Ober-/Unterhitze vorheizen. Den Knoblauch schälen. Den Rosmarin waschen und trocken tupfen. Das Öl in einer Pfanne erhitzen und die Steaks darin etwa 1 Minute anbraten, dann wenden. Knoblauchzehe und Rosmarin mit in die Pfanne geben und noch 1 Minute garen.

Die Steaks auf ein Backblech oder in eine Auflaufform setzen, Knoblauch und Rosmarin darauflegen und die Steaks im Ofen auf der mittleren Schiene etwa 12 bis 16 Minuten medium garen. Wenn ihr euch beim Garpunkt unsicher seid, könnt ihr an der Stelle auch mit einem Bratenthermometer arbeiten. Das Steak sollte in der Mitte eine Kerntemperatur von 54 °C haben.

Für die Sauce währenddessen die schwarzen Pfefferkörner im Mörser zerstoßen, der grüne Pfeffer bleibt ganz. Beide Pfeffersorten in einer kleinen Flocke Butter in der Pfanne der Steaks (nicht reinigen!) etwas anrösten. Mit Cognac ablöschen und etwas einkochen. Mit Sahne aufgießen und die restliche kalte Butter unter Schwenken der Pfanne in der Sahne auflösen. Die Sauce nur noch warm halten, nicht mehr erhitzen, sonst flockt sie aus. Nach Belieben mit etwas Rinderfond verlängern, falls die Sauce zu dick oder intensiv sein sollte.

Zum Servieren die Pfeffersauce mit Salz abschmecken. Die Steaks aus dem Ofen nehmen, in Tranchen schneiden und auf Tellern anrichten. Mit Fleur de sel bestreuen und die Sauce dazu servieren.

GLASIERTE SCHWEINEKOTELETTS mit Kartoffelgratin und Gremolata

Für 4 Personen

Gratin
Salz
1½ kg festkochende Kartoffeln
3 Zweige Rosmarin
4 Zweige Thymian
75 g Butter
Fleur de sel

Fleisch
je 2 Zweige Thymian und Rosmarin
2 dicke Schweinekotelettes (à 250–300 g, mit Knochen; ersatzweise Flank- oder Rumpsteak)
2½ EL Sonnenblumenöl
70 g Butter
70 ml Ahornsirup
Fleur de sel

Gremolata
1 Bund Petersilie
1 Knoblauchzehe
1 Bio-Zitrone
100 g Parmesan (am Stück)
50 ml Olivenöl
Salz

ofenfeste Pfanne
optional Bratenthermometer
Auflaufform (25–30 cm Ø)

Für das Gratin den Backofen auf 200 °C Ober-/Unterhitze vorheizen. Ausreichend Salzwasser in einem großen Topf aufkochen. Die Kartoffeln schälen, auf der Gemüsereibe in dünne Scheiben hobeln und im Salzwasser etwa 3 Minuten blanchieren. In ein Sieb abgießen, kalt abschrecken und kurz auf ein Küchenhandtuch legen. Anschließend sorgfältig und dekorativ – etwa spiralförmig – in die Auflaufform schichten.

Rosmarin und Thymian waschen, trocken tupfen, die Nadeln bzw. Blätter abzupfen. Die Butter mit den Kräutern in einem Topf schmelzen und über die Kartoffeln gießen. Das Gratin mit etwas Meersalz bestreuen und im Ofen auf der mittleren Schiene etwa 1 Stunde backen.

Für das Fleisch währenddessen die Kräuterzweige waschen und trocken tupfen. Die Koteletts waschen, trocken tupfen und beidseitig leicht salzen. Das Öl und etwas Butter in einer ofenfesten Pfanne erhitzen und die Koteletts darin von beiden Seiten so lange scharf anbraten, bis sie eine schöne braune Oberfläche bekommen. Die Pfanne vom Herd nehmen und 1 Flocke Butter sowie Kräuter hinzufügen. Das Fleisch mehrmals mit der flüssigen Butter übergießen, dann in den Ofen zum Gratin dazustellen, die Temperatur auf 120 °C reduzieren und die Koteletts etwa 20 Minuten mitgaren. Sie sollten im Kern noch schön saftig sein und eine Kerntemperatur von 60 bis 65 °C haben (Bratenthermometer!).

Für die Gremolata die Petersilie waschen, trocken tupfen und fein hacken. Knoblauch schälen und fein würfeln. Zitrone heiß waschen, abtrocknen und die Schale fein abreiben. Parmesan fein reiben. Alles gut mischen, dann Olivenöl und etwas Salz hinzufügen.

Zum Servieren Gratin und Fleisch aus dem Ofen nehmen. Das Fleisch in Tranchen schneiden, mit Ahornsirup bestreichen und mit etwas Fleur de sel bestreuen. Gremolata und Kartoffelgratin dazu reichen.

1 Std.
1 Std.
mittel

Schmeckt. Auch mit Lamm.
Erst das Gratin in den Ofen schieben und nach 40 Minuten die Temperatur auf 120 °C reduzieren. Das tut dem Gratin nicht weh, es bleibt warm und das Fleisch kann garen. Wer kein Schwein mag, kann auch Lammkoteletts verwenden.

Ein echtes Festessen, bei dem auf gute Zutaten Wert gelegt werden darf. Fleisch muss nicht jeden Tag auf den Teller kommen, an den wenigen Tagen aber am besten von guter Qualität: Die Koteletts sollten möglichst von Schweinen aus artgerechter Haltung stammen.

HÄHNCHENBRUST MIT HARISSA-KRUSTE und Wildkräutersalat

Für 4 Personen

Maispoularde
100 g weiche Butter
Salz · Pfeffer aus der Mühle
ca. 1 TL Harissa-Paste (je nach Schärfegrad)
1 TL Harissa-Pulver
1 Tasse Panko (ersatzweise Paniermehl)
4 Maispoularden-Brustfilets
1 EL Olivenöl
1 EL Butter zum Braten
einige Zweige Thymian
2 Knoblauchzehen
200 g griechischer Joghurt (10 % Fett)

Salat
2 (Gold-)Kiwis · 1 Schalotte
1 haselnussgroßes Stück Ingwer
1 Stängel Zitronengras
1 Bio-Zitrone
2 Stiele Koriandergrün
1 Stiel Minze · 1 Chilischote
50 ml Olivenöl
etwas flüssiger Akazienhonig
Salz · Pfeffer aus der Mühle
Korianderpulver
400 g Wildkräutersalat (ersatzweise Babysalat-Mischung)

Auflaufform

1 Std.
10–12 Min.
★★☆ mittel

Für die Harissa-Butter die weiche Butter mit einem Schneebesen etwas aufschlagen. Salz, Pfeffer, Harissa-Paste und -pulver sowie den Panko dazugeben und untermischen. Die Harissa-Butter in Frischhaltefolie wickeln, mit den Händen zu einer etwa 5 mm hohen Platte drücken und einfrieren. Den Backofen auf 120 °C Ober-/Unterhitze vorheizen.

Die Maispoulardenfilets waschen, trocken tupfen und mit Salz und Pfeffer würzen. Das Öl in einer Pfanne erhitzen und die Brustfilets darin rundum scharf anbraten. Butter, Thymian und angedrückten Knoblauch mit in die Pfanne geben und alles kurz durchschwenken. Anschließend die Filets samt Gewürzen und Fett in eine Auflaufform geben und im Ofen auf der mittleren Schiene noch 10 bis 12 Minuten garen, je nach gewünschtem Garzustand.

Die Filets aus dem Ofen nehmen und in der Form auf einem Kuchengitter ruhen lassen. Den Backofengrill auf 200 °C schalten. Die gekühlte Harissa-Butter vierteln, die Brustfilets jeweils mit einem Viertel der Butter belegen und unter dem Grill 3 bis 4 Minuten gratinieren. Herausnehmen und sofort servieren.

Für das Salatdressing die Kiwis schälen und in kleine Würfel schneiden. Die Schalotte schälen und in feine Würfel schneiden. Vom Zitronengras die welken Außenblätter und die obere, trockene Hälfte entfernen. Den Ingwer samt Schale und etwas Zitronengras fein reiben. Die Zitrone heiß waschen, abtrocknen und die Hälfte der Schale fein abreiben, dann die Zitrone halbieren und auspressen. Koriander und Minze waschen, trocken tupfen und fein hacken. Die Chilischote putzen, waschen und sehr fein schneiden.

Alle Zutaten in einer Salatschüssel mischen und mit Olivenöl, Honig, Zitronensaft sowie Salz, Pfeffer und 1 Prise Korianderpulver abschmecken. Die Wildkräuter verlesen, waschen und trocken schleudern, dabei grobe Stiele entfernen. Die Kräuter locker unter das Dressing heben.

Zum Servieren die Maispoularde in dickere Streifen schneiden, auf einem Joghurtbett verteilen und den Wildkräutersalat dazusetzen.

Meine persönliche Interpretation des Klassikers Backhähnchen, mit einer nordafrikanischen Würzvariante paniert. Dazu reicht ein fruchtiger Salat, in dem Kiwis für ein erfrischendes Dressing sorgen.

POCHIERTER LACHS mit Beurre blanc

Noch ein echter Klassiker: Beurre blanc meint so viel wie „weiße Buttersauce" und besteht aus einer Weißweinreduktion mit Schalotten und reichlich Butter. Klingt super edel – und ist ganz einfach zu machen. Sie passt übrigens auch zu pochiertem Geflügel, dann natürlich mit Gemüse- oder Hühnerbrühe zubereiten.

Für 4 Personen

Lachs
1 Zwiebel
1 Bio-Zitrone
200 ml trockener Weißwein
½ l Fischfond
4–5 Stiele Dill
Salz
4 Lachsfilets

Beurre blanc
80 g kalte oder tiefgekühlte Butter (in Würfeln)
1 Schalotte
150 ml Brühe (am besten Fischfond)
50 ml trockener Weißwein
25 ml Weißweinessig
1 Lorbeerblatt
50 g Sahne oder Crème fraîche
Salz · Pfeffer aus der Mühle

Für den Lachs einen Sud vorbereiten: Dazu die Zwiebel schälen und in Scheiben schneiden. Die Zitrone heiß waschen, abtrocknen und in Scheiben schneiden.

In einem Topf Wein und Fischfond mit Zwiebel, Zitronenscheiben und Dillstielen aufkochen und den Sud salzen. Die Lachsfilets waschen, in den heißen Sud legen und bei schwacher Hitze 8 bis 10 Minuten darin pochieren.

Für die Beurre blanc 1 TL Butter in einem hohen Topf zerlassen. Die Schalotte schälen, in feine Würfel schneiden und in der Butter farblos anschwitzen. Brühe, Weißwein und Essig dazugießen, das Lorbeerblatt hinzufügen und den Sud etwa um die Hälfte einkochen. Anschließend durch ein Sieb gießen und zurück in den hohen Topf geben.

Zum Saucenansatz etwas Sahne hinzufügen und mit Salz und Pfeffer würzen. Nach und nach die kalten Butterstücke mit dem Stabmixer in den Sud pürieren, sodass eine schöne, samtige Sauce entsteht. Ggf. vor dem Servieren nochmals leicht erwärmen.

Zum Servieren die Lachsfilets aus dem Sud nehmen, trocken tupfen und auf Tellern anrichten. Die Beurre blanc dazu reichen.

45 Min.
8–10 Min.
★★☆ mittel

ZABAIONE

Was für ein in Vergessenheit geratener Dessertklassiker: Nachdem ich diesen leckeren Eierschaum wiederentdeckt hatte, konnte ich eine Woche nichts anderes als Nachtisch essen. Unbedingt frisches Eigelb verwenden und direkt vor dem Verzehr herstellen, damit der Schaum nicht zusammenfällt. Mein Highlight: etwas Zimtblüte dazugeben.

Für 4–6 Personen

4 sehr (!) frische Eigelb (Größe M)
3 EL Zucker
4 EL Likörwein (z. B. Marsala) oder Orangenlikör (z. B. Grand Marnier) oder weißen Portwein
optional etwas Zimtblütenpulver

4 Dessertgläser oder -schalen

Für das Wasserbad einen Topf mit etwas Wasser füllen. Eine Metallschüssel bereitstellen: Die Schüssel sollte dabei nicht das Wasser berühren, nur der Wasserdampf soll die Schüssel erhitzen. Den Herd einschalten und das Wasser aufkochen.

Für die Zabaione Eigelbe und Zucker in der Schüssel mit einem Schneebesen kurz verrühren, dann die Schüssel über den Wasserdampf stellen. Den Likörwein dazugeben und alles so lange ununterbrochen weiterschlagen, bis ein cremiger Schaum entstanden ist.

Zum Servieren die Zabaione auf Gläser oder Schalen verteilen. Wer mag, bestreut die Cremes noch mit etwas Zimtblüte. Sofort essen!

25 Min.
mittel
vegetarisch

Schmeckt. Auch mit Früchten.
Wer es fruchtiger mag: Einfach frische Erdbeeren oder andere Früchte in die Dessertgläser geben und die Zabaione darauf verteilen.

SCHNELLE PRALINEN

Bei der Herstellung der edlen Leckereien fühlt man sich wie in einer Patisserie in Frankreich. Die Pralinen gehen nicht nur zum Kaffee, sondern eignen sich auch als Geschenk.

EINFACHE TRÜFFEL mit Rosa Pfeffer

Für ca. 30 Stück

75 g Zartbitterkuvertüre
125 g Vollmilchkuvertüre
½ Vanilleschote
100 g Sahne · Salz
optional 5 g Rosa Pfefferbeeren
Kakaopulver zum Wälzen

Für die Ganache beide Kuvertüren fein hacken und in eine Schüssel geben. Vanilleschote längs aufschneiden und das Mark mit einem Messer herauskratzen. In einem Topf Sahne, Vanillemark und -schote sowie 2 PrisenSalz aufkochen. Vanilleschote wieder entfernen, heiße Vanillesahne über die Kuvertüre geben. Nach etwa 1 Minute mit einem Teigschaber von der Mitte aus langsam nach außen rühren, bis sich Sahne und Kuvertüre verbinden. Wer mag, hackt die rosa Pfefferbeeren oder zerstößt sie im Mörser und mischt sie unter die noch warme Ganache.

⏱ 30 Min.

⌛ 4 Std.

★★★ mittel

vegetarisch

Die Ganache im Kühlschrank mindestens 4 Stunden, am besten über Nacht, fest werden lassen.

Zum Fertigstellen aus der Ganache mit angefeuchteten Händen etwa 30 Kugeln formen. Falls die Masse zu weich wird, nochmals kühl stellen. Den Kakao auf einem Teller verteilen und die Pralinen darin rundum wälzen. Sie halten sich gekühlt etwa 5 Tage.

MANGO-KOKOS-PRALINEN

Für ca. 30 Stück

200 g Butterkekse
3 EL Mango-Maracuja-Konfitüre
200–250 g Frischkäse (Doppelrahmstufe)
abgeriebene Schale von ¼ Bio-Limette
Saft von 1 Limette
Salz
200 g Kokosraspel

Backpapier

Für die Pralinenmasse die Butterkekse in einem Gefrierbeutel oder Blender fein zermahlen. Konfitüre, Frischkäse, Limettenabrieb und -saft sowie 2 Prisen Salz in einer Rührschüssel mit einem Schneebesen gründlich verrühren. Die Butterkeksbrösel dazugeben und ebenfalls gut untermischen. Ggf. mit den Händen etwas verkneten. Je nach Konsistenz noch einige Butterkekskrümel oder Frischkäse dazugeben, die Masse sollte sich gut in den Händen zu kleinen Kugeln rollen lassen.

Zum Fertigstellen aus der Masse mit den Händen etwa 30 Kugeln formen. Die Kugeln rundum in den Kokosraspeln wälzen und leicht andrücken. Sie halten sich gekühlt etwa 5 Tage.

Schmeckt. Mit Schokoüberzug. Statt mit Kokosraspeln die Pralinen mit 100 g geschmolzener weißer Schokolade, gemischt mit 15 g Butter überziehen. Dazu in die Schokoladen-Butter-Mischung tauchen und zwischen den Händen rollen. Zum Festwerden auf Backpapier setzen. Falls nötig, zweimal durchführen, damit die Hülle dick genug wird.

⏱ 30 Min.

★★★ mittel

vegetarisch

WEISSE SCHOKOMOUSSE mit Pfeffercrumble und Orange

Vorsicht! Die Mousse macht süchtig. Die süße weiße Schokolade braucht unbedingt einen sauren Gegenspieler – dazu eignen sich Grapefruits, Orangen oder andere exotische Früchte hervorragend. Szechuan-Pfeffer in den Crumble britzelt auf der Zunge und sorgt für einen tiefen Geschmack, der optimal zur Buttrigkeit passt.

Für 6 Personen

Pfeffercrumble
150 g Weizenmehl (Type 405)
½ TL Szechuan-Pfeffer (z. B. Timut-Pfeffer)
80 g Puderzucker
80 g kalte Butter
Salz (Fleur de sel)

Mousse
300 g weiße Schokolade
200 g Crème fraîche
200 g Sahne · Salz
abgeriebene Schale von ½ Bio-Orange

Zum Servieren
2 Orangen
optional einige Minzblättchen

Backblech · Backpapier oder -matte · 6 Dessertgläser

30 Min.

1 Std. 30 Min.

12–14 Min.

mittel

vegetarisch

Für die Pfeffercrumble das Mehl mit dem Pfeffer im Mixer oder Blender fein zermahlen. Dann Puderzucker, kalte Butter in Flocken und 3 Prisen Salz zügig mit den Händen oder den Knethaken des Handrührgeräts verkneten. Das Pfeffermehl dazugeben und alles zu Streuseln verkneten. Mindestens 30 Minuten kühl stellen.

Den Backofen auf 180 °C Umluft vorheizen. Ein Backblech mit Backpapier belegen. Die Streusel auf dem Blech krümelig verteilen und im Ofen auf der mittleren Schiene 12 bis 14 Minuten goldbraun backen. Dabei nach der Hälfte der Backzeit mit einem Löffel wenden. Die Streusel aus dem Ofen nehmen und auf einem Kuchengitter vollständig abkühlen lassen.

Für die Mousse die Schokolade klein hacken und mit der Crème fraîche in einer Metallschüssel über dem heißen Wasserbad unter Rühren vorsichtig schmelzen. Vom Wasserbad nehmen, etwa 1 Stunde kühl stellen.

Die Sahne steif schlagen. Die gekühlte Schokoladenmischung geschmeidig rühren und 2 Prisen Salz sowie Orangenschale hinzufügen. Die Sahne mit einem Teigschaber locker unterheben und die Creme auf Dessertgläser verteilen. Bis zum Servieren kühl stellen.

Zum Servieren die Orangen mit einem scharfen Messer so großzügig schälen, dass auch die weiße Haut mit entfernt wird. Die Filets zwischen den einzelnen Trennhäuten herausschneiden. Die Gläser jeweils mit Pfeffercrumble bestreuen und mit Orangenfilets garnieren. Nach Belieben mit Minze garnieren.

Schmeckt. Auch mal anders.
Statt Orangenfilets passen zur weißen Mousse auch Grapefruitfilets, Maracuja oder Erdbeeren.

NOM NOM

VEGANE CHEESECAKE-CREME mit Sternaniscrumble

Pflanzenbasierter Genuss auf die süße Art: In Gläser werden Creme, Crumble und Obst geschichtet. Die Crumble lassen sich auch gut auf Vorrat backen und einfrieren! Und ohne Kakaopulver sind die goldbraun statt schokoladig.

Für 4 Personen

Karamellisierte Birnen
½ Bio-Orange
2 Birnen · 20 g Zucker
50 g vegane Schlagcreme

Sternaniscrumble
120 g Weizenmehl (Type 405)
½ Sternanis
35 g Zucker
70 g Margarine
20 g Kakaopulver
3 Prisen Fleur de sel

Creme
20 g Zucker
1 Päckchen veganes Sahnesteif
150 g vegane Schlagcreme
250 g veganer Quarkersatz
Mark von ½ Vanilleschote

Backblech · Backpapier oder -matte · 4 Dessertgläser

1 Std.

30 Min.

15–17 Min.

mittel

vegan

Für die karamellisierten Birnen die Orange heiß waschen, abtrocknen, die Schale fein abreiben und für die Creme beiseitestellen. Dann die Orange auspressen. Die Birnen schälen, vierteln, entkernen und klein würfeln. Sofort mit dem Orangensaft beträufeln. Zucker in 10 ml Wasser in einem kleinen Topf schmelzen und karamellisieren. Mit der Schlagcreme ablöschen. Die Birnenwürfel hinzufügen und bei mittlerer Hitze noch etwa 10 Minuten dünsten. Danach vom Herd nehmen und abkühlen lassen.

Für die Sternaniscrumble ein Drittel des Mehls (40 g) mit dem Sternanis im Mixer oder Blender fein zermahlen. Alle Zutaten in eine Schüssel geben, mit den Knethaken des Handrührgeräts zu Streuseln verkneten und etwa 30 Minuten kühl stellen. Anschließend ein Backblech mit Backpapier belegen und die Streusel darauf verteilen. Im Ofen bei 180 °C Umluft auf der mittleren Schiene 15 bis 17 Minuten knusprig backen. Herausnehmen und abkühlen lassen.

Für die Creme Zucker und Sahnesteif mischen. Die Schlagcreme aufschlagen und die Zucker-Sahnesteif-Mischung einrieseln lassen. Den Quark in einer Schüssel glatt verrühren und die abgeriebene Orangenschale (von den karamellisierten Birnen) und das Vanillemark dazugeben. Zuletzt die steife Schlagcreme mit einem Teigschaber vorsichtig unterheben.

Zum Servieren Birnen, Crumble und Creme abwechselnd in Gläser schichten. Dabei mit Crumble und einigen Birnenwürfeln abschließen.

Schmeckt. Auch anders gewürzt.
Birne und Sternanis klingt erstmal ungewöhnlich, die beiden Zutaten unterstützen sich in Sachen Aroma aber gegenseitig wunderbar. Wer mag, kann auch mehr Sternanis verwenden. Wem er nicht so mundet, ersetzt ihn einfach durch Lebkuchengewürz oder testet sich durch andere Gewürze.

VEGANER **KÜRBIS-CHEESECAKE** mit **Streuseln**

Für 1 Kuchen

Streusel
50 g geröstete Kürbiskerne
140 g Weizenmehl (Type 405)
100 g zarte Haferflocken
120 g brauner Zucker
½ TL Zimtpulver
120 g Margarine
Salz

Füllung
200 g Hokkaido-Kürbis
½ TL Zimtpulver oder Lebkuchengewürz
Margarine für die Form
300 g veganer Frischkäseersatz
300 g veganer Quarkersatz
70 g Zucker · 3 EL Speisestärke
½ Bio-Orange
1 haselnussgroßes Stück Ingwer
½ TL Zimtpulver oder Lebkuchengewürz
etwas frisch geriebene Muskatnuss

Springform (26 cm Ø) · Backpapier

1 Std. 30 Min.

30 Min.

40–50 Min.

einfach

vegan

Für die Streusel Kürbiskerne und Mehl mischen und im Mixer grob zermahlen. Dann mit den restlichen Zutaten und 3 Prisen Salz mischen und mit den Händen zu Streuseln verkneten. Im Kühlschrank etwa 30 Minuten ruhen lassen.

Für die Füllung den Kürbis waschen, entkernen, in Stücke schneiden und in einem Topf in etwas Wasser mit Zimtpulver oder Lebkuchengewürz weich garen. Das Wasser abgießen und das Kürbisfleisch im Topf mit einer Gabel gut zerdrücken.

Den Backofen auf 180 °C Umluft vorheizen. Ein Stück Backpapier auf den Boden der Springform klemmen, den Rand mit etwas Margarine einfetten.

Für den Boden zwei Drittel der Streusel als Boden gründlich in die Form drücken. Die restlichen Streusel wieder kühl stellen.

Für die Füllung den Frischkäse glatt verrühren und mit Quark, Zucker und Stärke mischen. Die Orange heiß waschen, abtrocknen und die Schale fein abreiben. Den Ingwer schälen und ebenfalls reiben. Beides mit Zimt und Muskatnuss zur Creme geben und unterrühren.

Zum Fertigstellen die Hälfte der Füllung auf dem Streuselboden gleichmäßig verteilen. Die andere Hälfte mit dem Kürbispüree mischen und auf die Cremeschicht geben.

Den Cheesecake mit den restlichen Streuseln bestreuen und im Ofen auf der mittleren Schiene 40 bis 50 Minuten backen. Herausnehmen und auf einem Kuchengitter nach Wunsch etwas oder vollständig abkühlen lassen.

Zum Servieren den Cheesecake noch lauwarm oder abgekühlt in Stücke schneiden und genießen.

Wie praktisch: Boden und Streusel sind aus dem gleichen Teig, so spart man sich einen Arbeitsschritt. Mein Tipp: Der Kürbis-Cheesecake schmeckt noch besser, wenn er eine Nacht im Kühlschrank durchziehen konnte. Falls er das überhaupt schafft …

SCHOKOLADENTÖRTCHEN mit flüssigem Kern

Diese Törtchen sind das Highlight in jedem Menü – egal wie viel vorher gegessen wurde, da kann keine Person widerstehen. Wenn der flüssige Kern, zart schmelzendes Vanilleeis und die fruchtige Komponente sich im Mund verbinden, vergisst man alles um sich herum.

Für 6 Stück

Schokoladentörtchen

180 g Zartbitterkuvertüre
110 g Butter · 3 Eier (Größe M)
Salz · 60 g Zucker
40 g Weizenmehl (Type 405)
Butter für die Form

Fruchtspiegel

500 g gemischte gelbe Früchte (z. B. Ananas, Kiwi, Mango, Papaya; frisch oder tiefgekühlt)
40 g Zucker
300 ml Apfelsaft oder Weißwein
½ Vanilleschote
20 g Speisestärke
optional einige frische exotische Früchte und Minzblätter zum Garnieren

6 Tarteletteförmchen oder Backringe (à ca. 8 cm Ø)
Backpapier oder -matte

45 Min.

3 Std.

8–10 Min.

★★★ mittel

vegetarisch

Für die Schokoladentörtchen die Kuvertüre grob hacken und mit der Butter in einer Metallschüssel über dem heißen Wasserbad unter Rühren vorsichtig schmelzen. Die Eier mit 3 Prisen Salz und dem Zucker in einer Rührschüssel mit einem Schneebesen so lange schaumig aufschlagen, bis sich der Zucker aufgelöst hat. Dann den Kuvertüre-Butter-Mix löffelweise dazugeben und schlierenfrei verrühren. Zuletzt das Mehl darübersieben und untermischen. Die Förmchen oder Ringe mit Butter einfetten oder mit Backpapier auslegen. Den Teig auf die Förmchen oder Ringe verteilen und im Kühlschrank mindestens 3 Stunden kühl stellen.

Für den Fruchtspiegel in der Zwischenzeit die Früchte putzen, schälen bzw. waschen und grob zerkleinern (Tiefkühlware etwas antauen lassen). Den Zucker in einem ausreichend großen Topf mit 30 ml Wasser bei mittlerer Hitze bernsteinfarben karamellisieren. Dabei nicht rühren, sondern den Topf ggf. nur schwenken. Sobald die gewünschte Farbe erreicht ist, den Karamell mit 250 ml Saft oder Wein ablöschen. Den Backofen auf 200 °C Ober-/Unterhitze vorheizen.

Die Vanilleschote längs aufschneiden und das Mark mit einem spitzen Messer herauskratzen. Vanillemark und -schote sowie Früchte zum Karamell geben und alles bei schwacher Hitze etwa 20 Minuten köcheln lassen. Die Vanilleschote entfernen und die Früchte im Topf mit dem Stabmixer pürieren.

Die Speisestärke mit restlichem Saft oder Wein klümpchenfrei verrühren. Das Fruchtpüree aufkochen, die Stärkemischung einrühren und 40 Sekunden unter Rühren köcheln lassen.

Die Schokoladentörtchen im Ofen auf der mittleren Schiene 8–10 Minuten backen, herausnehmen und noch warm mit dem Fruchtspiegel servieren. Dazu passt auch Vanilleeis. Wer mag, gibt einige frische Früchte und Minzblätter zur Garnitur hinzu.

RHABARBER-CUPCAKES mit Baiserhaube

Rhabarberrezepte kann es nicht genug geben – wenn die Zeit im Jahr schon auf den Frühling begrenzt ist. Diese leckeren, sauren Stangen zählen botanisch zum Gemüse, schmecken aber in süßer Form unwiderstehlich.

Für 12 Stück

Cupcakes
2 Stangen Rhabarber
125 g weiche Butter
150 g brauner Zucker
Salz
abgeriebene Schale von ½ Bio-Orange
3 Eier (Größe M)
1 Eigelb (Größe M)
200 g gemahlene Mandeln
100 g Maismehl
4 g Backpulver

Baiserhaube
1 Eiweiß (Größe M)
40 g Zucker
Salz

Muffinblech mit 12 Mulden, 12 Muffinpapierbackförmchen optional Spritzbeutel mit großer Lochtülle · Flambierbrenner

Für die Cupcakes den Rhabarber putzen, schälen und entfädeln. Die Stangen in etwa 3 cm lange Stücke schneiden (falls der Rhabarber sehr breit ist, die Stangen vorher halbieren) – es werden etwa 36 Streifen benötigt.

Die Mulden eines Muffinbleches mit den Papierförmchen auslegen. Den Backofen auf 180 °C Umluft vorheizen. Die weiche Butter mit braunem Zucker, 2 Prisen Salz und Orangenschale schaumig aufschlagen. Die Eier und das Eigelb einzeln dazugeben und unterrühren. Die Mandeln mit Maismehl und Backpulver mischen und ebenfalls hinzufügen. Alles zügig verrühren, zuletzt die Rhabarberstücke unterheben.

Den Teig mit einem Eisportionier oder 2 Esslöffeln auf die Mulden verteilen – dabei etwa 3 Rhabarberstücke pro Muffin einschichten. Die Muffins im Ofen auf der mittleren Schiene 25 bis 30 Minuten backen. Anschließend aus dem Ofen nehmen und kurz abkühlen lassen, dann aus den Mulden lösen und vollständig abkühlen lassen.

Für die Baiserhaube das Eiweiß in einer fettfreien Schüssel mit Zucker und 1 Prise Salz steif schlagen. Das Baiser mit einem Spritzbeutel mit Lochtülle oder 2 Teelöffeln auf den Törtchen verteilen und mit dem Flambierbrenner kurz bräunen.

60 Min.
25–30 Min.
★★☆ mittel
vegetarisch

Schmeckt. Auch mal anders.
Der glutenfreie Teig lässt sich mit Früchten aller Art kombinieren. Dank Maismehl werden die Cupcakes besonders flufffig. Statt mit Baiser schmecken die Törtchen auch mit dem Frischkäse-Frosting von Seite 30.

ERDBEERCHARLOTTE

Für 1 Torte

Biskuitboden
5 Eier (Größe M)
Salz
100 g Zucker
75 g Weizenmehl (Type 405)
30 g Speisestärke
½ TL Backpulver
Zucker zum Bestreuen
150 g Erdbeerkonfitüre
Öl für die Schüssel

Füllung
500 g Erdbeeren
4 Blätter Gelatine
400 g kalte Sahne
200 g Quark (Halbfettstufe)
40 g Zucker
2 Päckchen Vanillezucker
abgeriebene Schale von ½ Bio-Zitrone
optional Aprikosenkonfitüre

Schüssel (24–26 cm Ø)
Backblech · Backpapier

60 Min.
3 Std.
10–12 Min.
★★★ mittel

Für den Biskuitboden ein Backblech mit Backpapier belegen. Den Backofen auf 180 °C Umluft vorheizen. Die Eier trennen. Die Eiweiße mit 3 Prisen Salz in einer fettfreien Schüssel steif schlagen, dabei 50 g Zucker einrieseln lassen. Die Eigelbe mit 30 ml Wasser und den übrigen 50 g Zucker cremig aufschlagen. Dann den Eischnee daraufsetzen, Mehl, Speisestärke und Backpulver auf den Eischnee sieben und alles mit einem Teigschaber locker zu einer gleichmäßigen Masse unterheben.

Die Masse sofort auf dem Backblech gleichmäßig verstreichen und im Ofen auf der mittleren Schiene 10 bis 12 Minuten goldbraun backen. Noch heiß mit Zucker bestreuen (so trocknet die Oberfläche nicht aus). Ein weiteres Backpapier oder ein Küchentuch über die Biskuitplatte legen und auf die Arbeitsfläche stürzen. Das mitgebackene Backpapier vorsichtig von der Oberseite der Biskuitplatte lösen.

Die Biskuitplatte mit der Konfitüre bestreichen und einmal längs durchschneiden. Beide Hälften mithilfe des Backpapiers oder Küchentuchs aufrollen, dabei Papier und Tuch nicht mit einrollen. Die Rouladen kurz abkühlen lassen, dann quer in etwa 1 cm breite Scheiben schneiden. (Reste aufbewahren!) Die Schüssel mit wenig Öl einfetten und mit Frischhaltefolie auslegen, die Innenwände dicht mit den Biskuitscheiben auslegen, dabei einige Scheiben für den Boden beiseitestellen.

Für die Füllung die Erdbeeren putzen, waschen und je nach Größe vierteln oder achteln. Die Gelatineblätter in kaltem Wasser 5 bis 10 Minuten einweichen. 50 g Sahne in einem kleinen Topf kurz auf Körpertemperatur erwärmen. Den Topf vom Herd nehmen und die ausgedrückte Gelatine darin unter Rühren vollständig auflösen.

Die restliche Sahne steif schlagen. Quark, Zucker, Vanillezucker und Zitronenschale verrühren und den Sahne-Gelatine-Mix so lange unterrühren, bis keine Schlieren mehr zu sehen sind. Die Masse etwa 10 Minuten kühl stellen. Anschließend erst die geschlagene Sahne und dann die Erdbeerstückchen mit einem Teigschaber locker unterheben.

Zum Fertigstellen erst einen Teil der Erdbeer-Quark-Creme in die Schüssel geben und in den Mulden verteilen. Den Rest der Creme einfüllen und glatt verstreichen. Mit den beiseitegelegten Biskuitscheiben abdecken. Mindestens 3 Stunden, am besten über Nacht, kühl stellen. Am nächsten Tag die Charlotte vorsichtig auf eine Tortenplatte stürzen und Schüssel und Folie entfernen. Wer mag, bestreicht die Charlotte noch rundum mit etwas Aprikosenkonfitüre, die zuvor etwas erhitzt wurde.

PAVLOVA mit exotischen Früchten

Ein knuspriges Eiweiß-Baiser-Törtchen mit cremigem Mascarpone und frischen Früchten. Dieses Dessert aus Australien und Neuseeland sieht nicht nur toll aus, sondern schmeckt auch herrlich. Am besten die Creme erst kurz vor dem Servieren auftragen, ansonsten weicht das Törtchen durch.

Für 6 Personen

Baiser
4 Eiweiß (Größe M)
Salz
220 g Zucker
2 TL Speisestärke
1 TL Essig oder Limettensaft

Creme
1 Bio-Limette
200 g kalte Sahne
2 Päckchen Vanillezucker
Mark von ½ Vanilleschote
250 g Mascarpone oder Quark
500 g exotische Früchte (z. B. Kiwi, Mango, Maracuja, Papaya, Physalis)
einige Blätter Basilikum

Backblech · Backpapier

20 Min.
1 Std. 15 Min.
einfach
vegetarisch

Für das Baiser den Backofen auf 120 °C Umluft vorheizen. Ein Backblech mit Backpapier belegen. Die Eiweiße – sie sollten Zimmertemperatur haben – mit 2 Prisen Salz in einer sauberen und fettfreien Schüssel steif schlagen. Dabei nach und nach den Zucker hinzufügen. Die Stärke auf den Eischnee sieben und mit einem Schneebesen zügig unterrühren. Zuletzt Essig oder Limettensaft untermischen.

Aus dem Eischnee mit 2 Esslöffeln 6 Häufchen nebeneinander auf das Blech setzen, dabei mit einem der Esslöffel jeweils eine Kuhle eindrücken. Die Backofenhitze auf 100 °C reduzieren und die Baisers im Ofen auf der mittleren Schiene etwa 1 Stunde 15 Minuten mehr trocknen lassen als backen. Dann den Ofen ausschalten und die Törtchen darin abkühlen lassen. Dabei die Ofentür einen Spaltbreit öffnen und ein Küchentuch dazwischenklemmen, damit die Feuchtigkeit entweicht.

Für die Creme die Limette heiß waschen, abtrocknen und die Schale fein abreiben. Die Sahne mit Vanillezucker und -mark sowie Limettenschale steif schlagen. Den Mascarpone mit einem Schneebesen glatt verrühren, die Vanille-Limetten-Sahne mit einem Teigschaber locker unterheben und die Creme kühl stellen.

Zum Servieren die Früchte putzen, waschen bzw. schälen und in die gewünschte Form schneiden. Etwas Mango pürieren und mit dem Mark einer Passionsfrucht mischen. Erst die Fruchtmischung in die Mulden der Törtchen geben, danach etwas Mascarponecreme daraufsetzen. Zuletzt alles mit den Früchten und Basilikumblättern garnieren.

Schmeckt. Hauptsache fruchtig.
Anstatt der exotischen Früchte können auch frische Beeren nach Geschmack verwendet werden.

Zora

BRUNCH

Wenn Frühstück (Breakfast) und Mittagessen (Lunch) sich vereinen, kann mit unseren Ideen nur köstliches dabei rauskommen. Wir feiern den Brunch mit allem, was dazugehört: Toasties, Cerealien, Pfannkuchen, Aufstriche oder Rührei. Vieles davon lässt sich schon am Tag vorher zubereiten, damit man entspannt zum ausgiebigen Wochenendbrunch mit Freunden und Familie einladen kann.

Knusprige und frische Backwaren dürfen natürlich nicht fehlen. Backt man sie selbst, erspart man sich den Gang zum Bäcker, zudem sind sie perfekt für Langschläfer. Sie können am Vortag bereits vorbereitet werden und müssen dann nur noch im Toaster, Ofen oder in der Pfanne aufgebacken werden. Für Müsli- und Cerealienfans gibt es Zimtkissen aus Dinkelvollkornmehl, im Gegensatz zu Industrieprodukten ohne künstliche Zusatzstoffe. Eine leckere und gesündere Alternative zum Wurstaufschnitt ist Zoras Hähnchenbrust mit Senf, Honig und Kräutern.

FLUFFIGE PFANNKUCHEN mit Beeren und Vanillesauce

Für 4 Personen

Vanillesauce
300 ml Milch
15 g Speisestärke
2 Eigelb (Größe M)
½ Vanilleschote
200 g Sahne
40 g Zucker
Salz

Karamellisierte Beeren
50 g Zucker
20 g Butter
100 ml Rotwein (ersatzweise roter Traubensaft)
300 g tiefgekühlte Beerenmischung

Pfannkuchenteig
2 Eier (Größe M)
Salz
40 g Zucker
20 g Vanillezucker
30 ml Milch
40 g Weizenmehl (Type 405)
1 TL Backpulver
Butter zum Ausbacken

Für die Vanillesauce 70 ml Milch mit der Speisestärke klümpchenfrei verrühren, danach die Eigelbe dazugeben und ebenfalls unterrühren. Sieb und Schüssel bereitstellen. Die Vanilleschote längs aufschneiden und das Mark herauskratzen.

In einem Topf Sahne und übrige Milch mit Vanillemark und -schote, Zucker und 2 Prisen Salz aufkochen, am Ende die Schote wieder entfernen. Die Stärke-Eigelb-Mischung in die kochende Flüssigkeit geben und unter Rühren etwa 60 Sekunden köcheln lassen. Die Sauce durch das Sieb in die Schüssel geben und mit Frischhaltefolie abgedeckt abkühlen lassen.

Für die karamellisierten Beeren den Zucker mit 30 ml Wasser in einem Topf schmelzen und bernsteinfarben karamellisieren. Dabei die Masse nicht verrühren, sondern den Topf schwenken – so kann der Zucker gleichmäßig bräunen. Die Butter dazugeben und alles mit Rotwein oder Traubensaft ablöschen. Die Beeren hinzufügen und bei schwacher Hitze etwa 5 Minuten einkochen.

Für die Pfannkuchen die Eier trennen, die Eiweiße mit 3 Prisen Salz und 20 g Zucker steif schlagen. Die Eigelbe mit Vanillezucker und übrigem Zucker cremig aufschlagen, dann die Milch dazugeben. Mehl und Backpulver mischen, auf die Eigelbmasse sieben und klümpchenfrei unterrühren. Zuletzt den Eischnee mit einem Teigschaber vorsichtig unterheben.

Zum Backen jeweils etwas Butter in einer Pfanne schmelzen, 2 bis 3 EL Teig kreisförmig in die Pfanne setzen und bei mittlerer Hitze 2 bis 3 Minuten backen. Den Pfannkuchen vorsichtig wenden und weitere 2 Minuten backen. Herausnehmen und sofort mit Beeren und Vanillesauce oder einem anderen gewünschten Topping servieren.

25 Min.
★★★ einfach
vegetarisch

Schmeckt. Auch mal anders.
Die Pfannkuchen sind schön fluffig und schmecken mit Beeren und Vanillesauce wirklich lecker. Es eignen sich frische oder tiefgefrorene Beeren – und anstelle von Vanillesauce passt auch Eis zu den noch warmen Pfannkuchen.

ZIMTKISSEN
aus Dinkelvollkorn

Nicht so süß wie das gekaufte Original, eignen sich die Cerealien nicht nur zum Frühstück, sondern auch zu jeder anderen Tageszeit als Snack für zwischendurch. Die knusprigen Kissen lassen sich luftdicht verpackt gut lagern. Ob knusprig direkt essen oder eingeweicht in Milch genießen, muss jeder selbst entscheiden.

Für 6–8 Portionen

Mürbeteig
60 g kalte Butter oder Margarine
180 g Dinkelvollkornmehl
7 g Backpulver
3 TL Zimtpulver
40 g flüssiger Honig
80 ml Milch oder Buttermilch
3 Prisen Salz
Mehl zum Arbeiten

Zimtschicht
20 g Butter
1 TL Zimtpulver

Zum Servieren
Milch oder Pflanzendrink

Backblech · Backpapier oder -matte

1 Std.
30 Min.
20 Min.
einfach
optional vegan

Für den Mürbeteig Butter oder Margarine fein würfeln. Alle Zutaten auf der leicht bemehlten Arbeitsfläche zu einem Mürbeteig verkneten. Wer es gern etwas süßer mag, gibt noch 20 g Zucker zum Teig. Den Teig zwischen 2 Bögen Backpapier etwa 5 mm dünn ausrollen. Anschließend die Teigplatte auf einem kleinen Tablett im Tiefkühlfach etwa 30 Minuten ruhen lassen. Den Backofen auf 160 °C Ober-/Unterhitze vorheizen. Ein Backblech mit Backpapier belegen.

Für die Zimtschicht Butter mit Zimt in einem kleinen Topf schmelzen.

Zum Fertigstellen die Teigplatte aus dem Tiefkühlfach nehmen und mit der Butter-Zimt-Mischung bestreichen. Dann mithilfe eines langen Messers oder Pizzarollers in kleine Quadrate schneiden und diese nebeneinander auf dem Backblech verteilen.

Die Zimtkissen im Ofen auf der mittleren Schiene etwa 20 Minuten knusprig backen. Nach der Hälfte der Backzeit die Zimtkissen mit einem Löffel vorsichtig durchmischen. Falls sie nach 20 Minuten noch nicht ausreichend knusprig sind, die Backofentemperatur auf 140 °C reduzieren und die Backzeit etwas verlängern. Anschließend die Zimtkissen aus dem Ofen nehmen. Wer mag, kann die Kissen nach dem Backen noch mit etwas Zimt und Zucker bestreuen. Auf einem Kuchengitter vollständig abkühlen lassen.

Zum Servieren nach Geschmack in Milch oder Pflanzendrink geben. In einem luftdichten Behälter aufbewahrt halten sich die Zimtkissen etwa 2 Wochen.

Schmeckt. Auch vegan.
Wer vegane Zimtkissen backen möchte, nimmt statt Butter Margarine und statt Honig Ahornsirup. Die (Butter-)Milch durch einen ungesüßten Pflanzendrink nach Wahl ersetzen.

DINKEL-TOASTIES

Die Toasties sind einfach herzustellen und damit auch deutlich günstiger als die fertigen aus dem Supermarkt. Mit Vollkornmehl wird die Konsistenz zwar etwas kompakter, aber dafür machen sie auch länger satt.

Für 12–15 Stück

230 ml ungesüßter Pflanzendrink (z. B. aus Soja oder Hafer)
½ Würfel Hefe (21 g; oder 1 Päckchen Trockenhefe)
450 g Dinkelvollkornmehl
10 g Zucker
10 g Salz
75 g kalte Margarine
Mehl zum Arbeiten
optional Hartweizengrieß zum Wälzen

runder Ausstecher oder Glas (7 cm Ø) · Backblech · Backpapier oder -matte

Für den Hefeteig den Pflanzendrink in einem kleinen Topf auf etwa 40 °C erwärmen. Die Hefe hineinbröseln und darin vollständig auflösen. Mehl, Zucker, Salz und Margarine in eine Rührschüssel geben. Die Hefe-Milch-Mischung dazugeben und alles mit den Knethaken des Handrührgeräts oder der Küchenmaschine etwa 3 Minuten kneten.

Den Teig auf der leicht bemehlten Arbeitsfläche nochmals rund wirken, d. h. mithilfe der Handflächen von außen nach innen falten, bis er eine runde Form erhält. Dann den Teig an einem warmen Ort abgedeckt 1 bis 1 ½ Stunden gehen lassen.

Anschließend den Teig etwa 2 cm dick ausrollen und mit einem runden Ausstecher oder Glas Kreise ausstechen. Den Backofen auf 180 °C Umluft vorheizen. Ein Backblech mit Backpapier belegen.

Zum Fertigstellen die Toasties in etwas Hartweizengrieß wälzen und in einer Pfanne ohne Fett auf jeder Seite etwa 1½ Minuten anbraten. Auf das Blech setzen und im Ofen auf der mittleren Schiene erst etwa 5 Minuten backen. Dann wenden und noch 10 bis 12 Minuten fertig backen. Herausnehmen und auf einem Kuchengitter abkühlen lassen.

Zum Servieren die Toasties vor dem Frühstück ganz oder halbiert in den Toaster geben und knusprig aufbacken.

45 Min.
1 Std. 30 Min.
5–7 Min.
★★★ einfach
vegetarisch

Schmeckt. Auch auf Vorrat.
Toasties lassen sich gut auf Vorrat herstellen und einfrieren. Im Kühlschrank sind sie 2 bis 3 Tage haltbar.

BAGELS

Ob herzhaft oder süß – Bagels schmecken mit fast jedem Belag, Hauptsache sie haben ein Loch in der Mitte! Meine Bagels lassen sich gut vorbereiten und bekommen ihre typische Konsistenz durch ein heißes Wasserbad.

Für 12 Stück

540 g lauwarmes Wasser
25 g frische Hefe
40 g brauner Zucker
25 g Salz
925 g Weizenmehl (Type 550)
etwas Öl für die Schüssel
Mehl zum Arbeiten
60 g Zucker
einige Kerne und Saaten (z. B. Sesam-, Mohnsamen, Haferflocken) zum Bestreuen

2 Backbleche · Backpapier oder -matte

1 Std.

1 Std. 15 Min.

17–24 Min.

★★★ mittel

vegetarisch

Für den Hefeteig Wasser und Hefe gründlich verrühren. Braunen Zucker, Salz und Mehl in eine Rührschüssel geben und mischen. Die aufgelöste Hefe dazugeben und alles mit den Knethaken des Handrührgeräts oder der Küchenmaschine (oder auf der leicht bemehlten Arbeitsfläche per Hand) etwa 7 Minuten zu einem homogenen Teig verkneten. Eine Schüssel mit etwas Öl einfetten oder mit Mehl bestäuben. Den Teig zu einer Kugel formen und an einem warmen Ort in der Schüssel abgedeckt etwa 1 Stunde gehen lassen, bis sich das Volumen verdoppelt hat.

Anschließend 2 Backbleche mit Backpapier oder -matten belegen. Den Teig in 12 gleich große Stücke teilen und jedes Teigstück mit leicht bemehlten Händen zu einer Kugel formen. Dabei immer wieder rund wirken – also den Teig von außen nach innen einschlagen. Wer mag, kann die Teigstücke auch zu Rollen formen und daraus Kringel herstellen. Die Teigkugeln nebeneinander auf die Bleche legen und abgedeckt nochmals 15 Minuten gehen lassen. Den Backofen auf 190 °C Umluft vorheizen.

Zum Pochieren in einem großen Topf 3 l Wasser mit 60 g Zucker erhitzen. Mit einem Holzlöffel oder einem Finger ein Loch in die Mitte jeder Teigkugel stechen und durch Bewegen vergrößern. Die Teiglinge nacheinander in das siedende Zuckerwasser geben und darin auf jeder Seite etwa 30 Sekunden pochieren. Mit einem Schaumlöffel herausnehmen, auf Papier legen und vorsichtig trocken tupfen.

Zum Backen die Bagels wieder auf den Blechen verteilen und die Oberflächen mit Kernen oder Saaten bestreuen oder darin wälzen. Dann im Ofen auf der oberen und unteren Schiene 17 bis 24 Minuten goldbraun backen. Dabei nach der Hälfte der Backzeit die Positionen der Bleche tauschen. Die Bagels aus dem Ofen nehmen und auf einem Kuchengitter etwas abkühlen lassen.

Zum Servieren süß oder herzhaft belegen. Alternativ einfrieren.

MANDELCREME AUS GEBRANNTEN MANDELN

Wer es morgens gerne süßer mag: unbedingt nachmachen. Man könnte auch gebrannte Mandeln aus dem Supermarkt oder der Kirmes verwenden.

Für 1 Glas (ca. 20 Portionen)

150 g Zucker
200 g Mandeln
Mark von ½ Vanilleschote
½ TL Zimtpulver
40 ml Rapsöl
Salz

Backblech · Backpapier oder -matte
sterilisiertes Schraubglas (ca. 250–300 ml Inhalt)

Für die gebrannten Mandeln ein Backblech mit Backpapier belegen. Den Zucker mit 50 ml Wasser in einer Pfanne so lange erhitzen, bis die Masse goldbraun ist. Dann die Mandeln hinzufügen und alles so lange mischen, bis der Zucker trocken aussieht. Weiterrühren, bis der Zucker wieder glänzt und duftet – das kann einige Minuten dauern. Die Mandeln auf dem Blech verteilen und vollständig abkühlen lassen.

Für die Creme Vanillemark, Zimt, Öl, 3 Prisen Salz und die abgekühlten Mandeln in einen Mixer geben und alles zu einer feinen Paste verarbeiten. Falls die Masse zu fest ist, noch etwas Öl hinzufügen.

Die Mandelcreme in einem sterilisierten Schraubglas aufbewahren. An einem kühlen Ort ist sie bis zu 3 Wochen haltbar.

30 Min.
★★★ einfach
vegan

Schmeckt.
Hauptsache nussig.
Anstatt Mandeln lässt sich jede Nusssorte, die man gerne mag, verwenden. Wie wäre es zum Beispiel mit einer gebrannten Walnusscreme mit Zimt?

BEERENKONFITÜRE MIT ÄPFELN

Das Duo Äpfel und Beeren klingt erst mal nach einer eigenartigen Kombination. Aber der Fruchtmix überzeugt! Die Konfitüre ist so lecker, die schmeckt nicht nur auf dem Brot. Mit etwas Vanillepudding oder Quark ergibt sie zum Beispiel ein perfektes Dessert!

Für 5 Gläser

1,4 kg säuerliche Äpfel (z. B. Boskop oder Jonagold)
650 g tiefgekühlte rote Früchte
1 TL Zimtpulver
Mark von ½ Vanilleschote
400 g Gelierzucker (2:1)

5 sterilisierte Schraubgläser (à ca. 300 ml Inhalt)

1 Std.

★★★ einfach

vegan

Für die Konfitüre die Äpfel vierteln, schälen, entkernen und in grobe Würfel schneiden. Mit den tiefgekühlten Früchten in einen großen Topf geben und bei schwacher Hitze weich kochen. Anschließend alles im Topf mit dem Stabmixer bis zur gewünschten Konsistenz pürieren. Die Fruchtmasse darf dabei ruhig etwas stückig bleiben.

Zimt, Vanillemark oder andere Gewürze nach Belieben dazugeben. Zuletzt den Gelierzucker hinzufügen, alles gründlich verrühren und nach Packungsanweisung erst einmal unter Rühren aufkochen, dann 5 bis 8 Minuten sprudelnd köcheln lassen. Für eine Gelierprobe einen Holzlöffel in die Masse tauchen und abtropfen lassen. Geliert der letzte Tropfen am Löffel, ist die Konfitüre fertig.

Anschließend die Konfitüre noch heiß in die sterilisierten Gläser füllen, sofort verschließen und auf den Kopf stellen. Abkühlen lassen.

HÄHNCHENBRUST AUS DEM **OFEN** für **Aufschnitt**

20 Min.
35–45 Min.
★★★ einfach

Ein perfekter selbst gemachter Aufschnitt, den man auch super für die Woche vorbereiten kann. Eignet sich prima als Topping für Salat oder Bowl. Oder reicht für 12 Scheiben Brot.

Für ca. 12 Portionen

½ Bund Petersilie
3 Stiele Liebstöckel
3 Zweige Bohnenkraut
2 EL mittelscharfer Senf
2 EL flüssiger Honig
2 EL Olivenöl
1 EL Harissa-Paste oder -pulver (ersatzweise Currypulver)
Salz, Pfeffer aus der Mühle
2 Hähnchenbrustfilets (ohne Haut)

Auflaufform

Für die Hähnchenbrust den Backofen auf 120 °C Umluft vorheizen. Die Kräuter waschen, trocken tupfen und fein hacken. In einer flachen Auflaufform Senf, Honig, Öl, Harissa und Kräuter gründlich verrühren und mit Salz und Pfeffer würzen.

Die Hähnchenbrustfilets waschen und trocken tupfen. Anschließend in der Auflaufform gut mit der Marinade mischen. Im Ofen auf der mittleren Schiene 35 bis 45 Minuten garen. Die fertigen Hähnchenfilets aus dem Ofen nehmen und abkühlen lassen.

Zum Servieren wie Aufschnitt in dünne Scheiben schneiden. Sie passen gut mit Tomatenscheiben und Kräutern auf Brot oder Brötchen.

RÄUCHERLACHS-CREME mit **Dill** und **Gurke**

15 Min.
★★★ mittel

Lecker, lecker, lecker! Die Creme ist im Nu gezaubert und bereichert jedes Brunch- oder Party-Büfett.

Für 6–8 Portionen

150 g Stremellachs natur
½ Bund Dill
200 g Frischkäse (Doppelrahmstufe)
1 EL geriebener Meerrettich (aus dem Glas)
Salz · Pfeffer aus der Mühle
½ Salatgurke

Für die Räucherlachscreme den Stremellachs von der Haut befreien und die grauen Schichten entfernen. Den Fisch in kleine Stücke zupfen und in eine Schüssel geben. Den Dill waschen, trocken tupfen und fein hacken. Dill, Frischkäse und Meerrettich zum Lachs geben und alles gut verrühren. Die Creme mit Salz und Pfeffer abschmecken. Die Gurke putzen, waschen und in dünne Scheiben schneiden.

Zum Servieren Brote oder Brötchen mit der Räucherlachscreme bestreichen und mit Gurkenscheiben belegen.

Schmeckt. Auch mal anders dekoriert.
Wer mag, kann die Gurken mit einem Sparschäler in lange Streifen schneiden und danach in kleine Röllchen formen. Das zieht besonders hübsch aus.

TOFU-PAPRIKA-CREME

Diese Creme ist superwürzig und extrem aromatisch – ein toller veganer Brotaufstrich oder Dip für Rohkost-Gemüsesticks.

Für 1 Glas

2 rote Paprikaschoten
100 g Tofu
1 Knoblauchzehe
2 Zweige Thymian
30 ml Olivenöl
Salz · Pfeffer aus der Mühle
1 TL edelsüßes Paprikapulver
1–2 EL Zitronensaft

Backblech

30 Min.

10 Min.

einfach

vegan

Für die Grillpaprika den Backofengrill einschalten. Die Paprikaschoten halbieren, entkernen, waschen und trocken tupfen. Die Paprikahälften mit der Hautseite nach oben nebeneinander auf ein Backblech legen und unter dem Grill auf der obersten Schiene etwa 10 Minuten garen, bis die Haut dunkel wird und Blasen wirft. Die Paprikaschoten herausnehmen, mit einem feuchten Tuch bedecken und abkühlen lassen. Anschließend die Schoten häuten.

Für die Tofu-Paprika-Creme währenddessen den Tofu in ein sauberes Küchentuch oder Küchenpapier wickeln und immer wieder etwas andrücken, damit die Feuchtigkeit austreten kann. Anschließend den Tofu würfeln. Den Knoblauch schälen und fein würfeln. Den Thymian waschen, trocken tupfen und die Blätter abzupfen.

Paprika, Tofu, Knoblauch, Thymian und Öl in den Mixer geben und alles zu einer Creme verarbeiten. Mit Salz, Pfeffer, Paprikapulver und Zitronensaft abschmecken.

Der vegane Aufstrich passt gut zu gegrilltem Gemüse oder auf Brot und Brötchen.

CREMIGES RÜHREI mit Pilzen und Cheddar

Ein absoluter Bestseller auf unserer Frühstückskarte – wer gerne deftig frühstückt, kommt mit diesem Rührei auf jeden Fall auf seinen Geschmack. Pilze und Käse lassen sich natürlich auch variieren.

Für 4 Personen

100 g gemischte Pilze (z. B. Austernpilze und Champignons)
2 EL Pflanzenöl
Salz · Pfeffer aus der Mühle
100 g Cheddar (am Stück)
6 Eier (Größe M)
100 ml Milch
1 EL Butter

Optional zum Servieren
etwas Kresse

Die Pilze putzen, falls nötig, trocken abreiben und in mundgerechte Stücke schneiden. Das Öl in einer Pfanne erhitzen und die Pilze darin scharf anbraten. Nach 1 bis 2 Minuten die Hitze reduzieren und die Pilze fertig garen. Dabei mit Salz und Pfeffer würzen. Herausnehmen und beiseitestellen.

Für das Rührei den Käse in Späne hobeln. Eier und Milch in eine Schüssel geben und mit einem Schneebesen oder Stabmixer gut verquirlen. Nur leicht salzen, da der Käse schon eine salzige Note hat.

Die Butter in der Pfanne zerlassen, die Eiermasse hineingeben und stocken lassen. Dabei mit einem Holzlöffel immer wieder etwas von außen nach innen schieben. Sobald die Oberfläche noch gut feucht ist, die Pfanne vom Herd ziehen und den Käse hinzufügen. Alles vorsichtig und langsam verrühren.

Zum Servieren das Rührei auf Teller verteilen und die Pilze daraufsetzen. Nach Belieben mit Kresse garnieren.

15 Min.
★★★ einfach
vegetarisch

Schmeckt. Auch als Schnittchen. Bauernbrotscheiben mit Frischkäse bestreichen und darauf das Rührei und einige gebratene Pilze verteilen. Anschließend mit dünn geschnittenen Radieschenscheiben und etwas Kresse garnieren.

REZEPTVERZEICHNIS

ZU DEN AUTOR*INNEN

„Schmeckt. Immer." ist eine erfolgreiche Koproduktion von NDR und WDR mit Zora und Theresa. Bereits in der 3. Staffel zeigen die beiden, wie einfach gut kochen und backen sein kann.

Zora Klipp betreibt in Hamburg mit ihrer Schwester und ihrem Bruder zwei Restaurants. Außerdem ist sie TV-Köchin und schreibt erfolgreich Bücher.

Theresa Knipschild ist Konditormeisterin. Im Fernsehen und in ihrem beliebten ersten Backbuch teilt sie ihre Lieblingsrezepte mit allen, die gerne backen oder es lernen wollen.

Weitere Bücher der Autorinnen bei ZS:
→ Kuchen für immer

HINWEIS

Die Ratschläge in diesem Buch wurden mit größter Sorgfalt von Autorinnen und Verlag erarbeitet und geprüft. Eine Garantie kann jedoch nicht übernommen werden. Ebenso ist eine Haftung der Autorinnen bzw. des Verlags und seiner Beauftragten für Personen-, Sach- oder Vermögensschäden ausgeschlossen.

FOOD FOTOS

Im Buch enthaltene Fotos können zur eigenen Nutzung erworben werden unter *www.stockfood.de*

IMPRESSUM

Hinter jedem tollen Buch steckt ein starkes Team

Projektleitung: *Sonja Forster*
Texte & Rezepte: *Zora Klipp, Theresa Knipschild*
Lektorat: *Kathrin Gritschneder*
Covergestaltung: *Katharina Fesl*
Grafische Gestaltung: *Martina Baldauf*
Satz: *Anton Walter*
Fotografie: *Claudia Timmann*
Foodstyling: *siehe Bildnachweis*
Herstellung: *Frank Jansen*
Producing: *Jan Russok*
Druck & Bindung: *optimal media GmbH, Röbel*

© NDR: Lizenziert durch OneGate Media GmbH – A Studio Hamburg Company. © WDR, Köln: Lizenziert durch die WDR mediagroup GmbH

Alle Rechte vorbehalten. All rights reserved.
Das Werk darf — auch teilweise — nur mit Genehmigung des Verlags wiedergegeben werden.

Die automatisierte Analyse des Werkes, um daraus Informationen insbesondere über Muster, Trends und Korrelationen gemäß § 44b UrhG („Text und Data Mining") zu gewinnen, ist untersagt.

2. Auflage 2025
© 2024 Edel Verlagsgruppe GmbH,
Neumühlen 17, 22763 Hamburg
ISBN: 978-3-96584-458-2
Redaktionsanschrift:
ZS, Edel Verlagsgruppe GmbH, Kaiserstraße 14b, 80801 München
www.zsverlag.de/kontakt
www.edelverlagsgruppe.de/kontakt

BILDNACHWEIS

Alle Fotos: Claudia Timman. Foodstyling: Zora Klipp: 11, 21 , 63, 65, 67, 72, 91, 92, 104, 113, 134, 136, 151, 153, 157, 159; Theresa Knipschild: 29, 31, 33, 51, 52, 75, 78, 83, 84, 95, 97, 124, 130, 143, 175, 177, 183, 185, 186, 187; Pedro Torres: 8/9, 12, 15, 17, 18, 23, 24, 27, 35, 37, 38, 41, 45, 46, 49, 54/55, 57, 59, 60, 69, 70, 77, 81, 87, 98/99, 101, 103, 107, 111, 115, 116, 121, 123, 127, 129, 139, 140, 144/145, 147, 149, 154, 161, 163, 164, 167, 169, 171, 172, 178, 189, 191, 193.

LIEBE LESERINNEN, LIEBE LESER,

wie schön, dass Sie ein Buch von ZS in den Händen halten. „Jetzt leben!“ ist das Motto unseres Verlages. Es steht für Genuss und Inspiration, Unterstützung und Motivation. Ob Kulinarik oder Fitness, Gesundheit oder Lebenshilfe – seit über 30 Jahren bieten wir kompetente Ratgeber für (fast) alle Lebenslagen. Wir lieben Tradition genauso wie Innovation – sie treiben uns an. Unsere Autorinnen und Autoren sind Menschen, die zu ihrem Thema wirklich etwas zu sagen und zu schreiben haben. Unsere Produkte sind erzählerisch, appetitmachend und als gedruckte Bücher haptisch echte Erlebnisse. Für Sie mit ganz viel Liebe gemacht! Entdecken Sie mehr aus unserer wunderbaren Welt!

UNSER VERLAGSHAUS

Mit Standorten in Hamburg und München zählt die Edel Verlagsgruppe zu den größten unabhängigen Buchanbietern Deutschlands. Zur Gruppe gehören die Verlage Dr. Oetker Verlag, Edel Sports, KARIBU und ZS.

ZS – Ein Verlag der Edel Verlagsgruppe
www.zsverlag.de
www.facebook.com/zsverlag
www.instagram.com/zsverlag

FÜR DIE UMWELT

ZS unterstützt bei der Produktion dieses Buches das Projekt „Junge Riesen für die nächsten 100 Jahre“ im Naturpark Nossentiner/Schwinzer Heide. Damit wird ein Anteil der unvermeidbaren CO_2-Emissionen im direkten Umfeld des Produktionsstandortes kompensiert.

PARTNER
Naturpark
Nossentiner / Schwinzer Heide
www.optimal-media.com/naturschutzprojekt-001

NEWSLETTER

Was koche ich heute Feines? Und wie geht das – schmackhaft und gesund?

Melden Sie sich jetzt zum ZS-Genuss-Service an und verpassen Sie keine kulinarischen und gesundheitlichen Trends mehr.
Wir informieren Sie regelmäßig über unsere Neuerscheinungen, Aktionen oder Gewinnspiele und verraten Ihnen unsere Lieblingsrezepte!

GEWINNEN

Unter allen Neuabonnierenden verlosen wir jeden Monat eine *ZS-Genuss-Box* im Wert von 75,00 €.

Jetzt anmelden unter:
www.zsverlag.de/newsletter
oder den QR Code scannen:

ANMELDEN!

Einfach himmlisch

Theresa Knipschild
Kuchen für immer

ISBN 978-3-96584-337-0

Lieblingskuchen neu entdecken

Bewusster Genuss

Matthias Riedl, Tarik Rose
Iss besser!

ISBN 978-3-96584-096-6

Einfach kochen, besser leben